僕が1人のファンになる時2

堂本光一

エムオン・エンタテインメント

PUMA
Arai
PUMA

BRIDGESTONE
Arai
PUMA
DOMOTO
DOMOTO

ZUKA CIRCUIT
ACING SCHOOL FORMULA

SUZUKA CIRCUIT
RACING SCHOOL FORMULA
BRIDGESTONE

SUZUKA CIRCUIT
RACING SCHOOL FORMULA
Arai

intel

SIMULATORS
Arai

SIMULATORS

HAWAIIAN SURF

特別企画 1 SPECIAL CHALLENGE

鈴鹿サーキット レーシングスクール・フォーミュラに挑戦！

SUZUKA CIRCUIT RACING SCHOOL FORMULA

シミュレーターでの練習を経て、実際に現役プロドライバーも通った
鈴鹿サーキットのレーシングスクール・フォーミュラに参加。
プロレーシングドライバーの中嶋大祐選手にも教わりながら
実際にフォーミュラカーに乗ってコースを走ります！

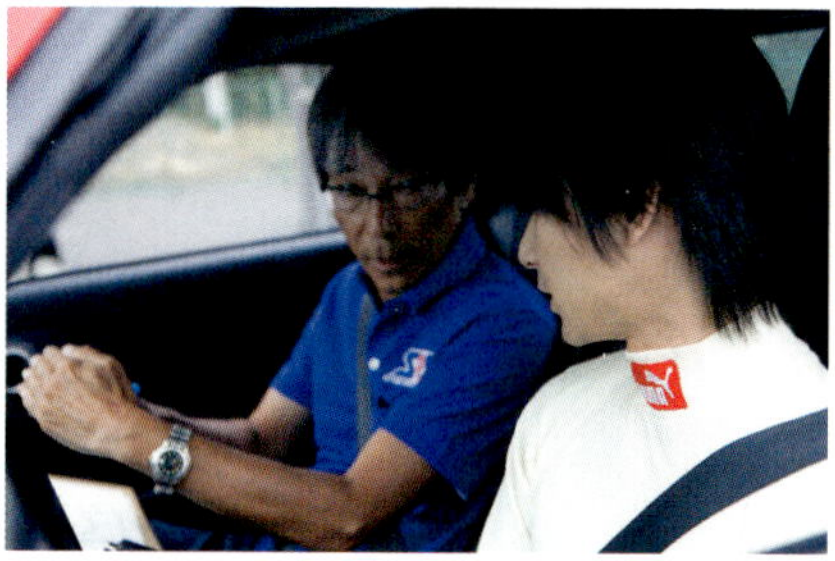

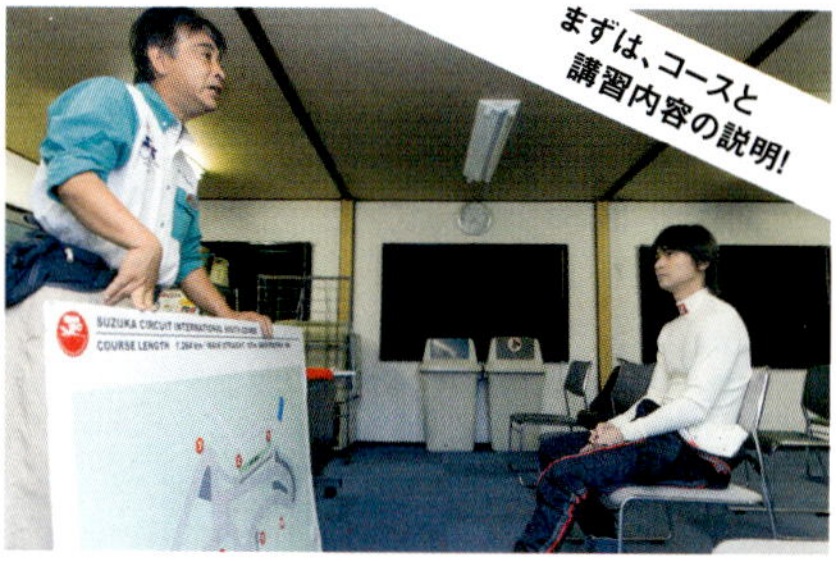

まずは、コースと講習内容の説明!

SUZUKA CIRCUIT RACING SCHOOL FORMULA

フォーミュラ エンジョイ(SRS-F仕様)に乗車!

雨が降り出し、コースでは水しぶきが!

佐藤琢磨選手をはじめ、国内外で活躍する数多くのトップドライバーを輩出する鈴鹿サーキット レーシングスクール・フォーミュラ(SRS-F)。プロを目指すドライバーにとって憧れの場所であるSRS-Fに今回、光一が体験入学し、夢のフォーミュラカーを初ドライブすることになった。

今回の走行を前に光一はレーシングシミュレーターを経験しているが、いきなりコクピットに乗り込む……というわけにはいかない。まずはサーキット走行のルールやマナーについての講習を受ける。その後、元全日本F3チャンピオンでSRS-Fの佐藤浩二主任講師が運転するホンダの市販スポーツカー、S2000の助手席に座って同乗走行。実際にコースを走りながらライン取りやシフトポイントについてアドバイスを受けていく。

今度は光一自らがS2000をドライブしてコースの感覚をつかんだあと、入門用のフォーミュラ エンジョイ(FE)のドライブだ。やや緊張した面持ちでコクピットに乗り込んだ光一だが、初心者でも楽しめるというFEのスタートを無難に決め、大きなミス

プロドライバーの中嶋大祐選手に教えてもらいます!

SUZUKA CIRCUIT RACING SCHOOL FORMULA

実際に一緒にコースを走行!

なく周回を重ねていく。

　何周か走行するといったんピットに戻り、講師陣からアドバイスを受け、コースに戻っていく。それを何度か繰り返しているうちに、最初はややギクシャクしていた光一の走りは明らかにスムーズになってきた。

「堂本さんは僕たち講師陣がアドバイスしたことを必ずトライしていますね。初めての方はマシンに乗ってしまうと舞い上がってしまって、僕たちのアドバイスを忘れてしまう方が多いのですが、すごく冷静ですね」と語るのは、今回、光一の特別講師を務めてくれた中嶋大祐選手だ。

　父が日本人初のレギュラーF1ドライバーの中嶋悟氏、兄は元F1ドライバーの中嶋一貴選手というレース一家に育った中嶋大祐選手は現在、国内最高峰のスーパーフォーミュラとスーパーGTで活躍している。日本のトップドライバーの中嶋大祐選手は光一のドライビングについて「センスがありますね」とも評価していた。

「センスがある人は、こうやったらもっと速くなると自分で考えて、トライしていける人です。そういう意味で

今度はより、本格的なスクール用
オリジナル フォーミュラカーにチャレンジ!

休憩もしないで何周も何周も走行。

は、堂本さんはセンスがあります」当の光一は走行を終えると「最初にコースインした時は路面がツルツル滑ってかなりビビりました。でもコツをつかんでくると、走っていて楽しくなってきました」と笑顔で語っていた。

次はいよいよスクール用オリジナルフォーミュラカーをドライブだ。このマシンはF1にも通じる特性を備えた本格的なフォーミュラカーで、正確で精密な操作を求められる。案の定、光一はスタートがうまくできず、いきなりエンストしてしまうのだった。

何とかコースインしたあとも、パワフルかつ繊細な操作を要求されるマシンに手を焼き、スピンやコースアウトを喫し、人生初のレッカーという貴重(?)な経験もしていた。

「本当に情けない」とガックリと肩を落としていた光一だが、講師陣から助言を受けながら周回を続けていくと、またしてもタイムを上げてくる。

時刻は夕方になり、残り時間もわずかとなった47周目、ピットで光一の走りを見守っていた佐藤主任講師が「これはいいタイムが出そうだね」と声を上げる。光一の走りにメカニックや鈴

ベストタイムが出そうな周回で
コースアウト&レッカー出動!!

SUZUKA CIRCUIT RACING SCHOOL FORMULA

真剣に走りやコースについて質問!

おつかれさまでした! &ありがとうございました!

鹿のスタッフも注目していたが、なんと最終コーナーでスピン。光一もよっぽど悔しかったのか、「クソー」とコクピットで叫んでいた。

　ピットに戻った光一に佐藤主任講師から「まもなく夕暮れですので、あと10分で走行は終わりです」と告げられた。残されたチャンスはあと数周。果たして、光一はベストタイムを更新できるのか？　気合いの入った表情で最後のアタックに向かった光一は果敢に攻めていく。そして52周目にこれまでのベストタイムを約1・5秒も更新し、57秒66をマーク。そこで光一の体験走行はチェッカーフラッグとなった。

　マシンを降りた光一は「さっきスピンした周回は、最後のベストタイムの時よりもいい雰囲気で走れていた。もっといいタイムが出せたはずなのにな……」と悔しさをにじませる。

「でもウエットもドライも、スピンもレッカーもベストタイム更新も、いろんなことを経験できました。とにかく楽しかったし、また絶対にフォーミュラカーをドライブしたいです！」

　暗くなり始めた鈴鹿に子どものような笑顔を浮かべる光一がいた。

※フォーミュラカーの詳細な体験記は第３章、第４章に掲載しています。

はじめに

　僕は２００６年１月からＦ１専門誌『グランプリトクシュウ』で連載を始めました。２０１１年１月には５年分の連載をまとめ、僕にとって初の著書『僕が１人のファンになる時』を出版することができました。

　あれからもう３年以上の時間が流れ、今回、続編を出すことになりました。前作同様に１人のファンの視点で大好きなＦ１について書かせていただきました。僕の生活の大部分を占める仕事に関しては、この数年間で大きな変化は感じていませんが、Ｆ１の世界は激変しました。日本人ドライバーがいなくなり、テレビの地上波での放映もなくなってしまいました。それに２０１３年シーズン限りでマーク・ウエバーが引退し、僕より年上のドライバーが１人もいなくなってしまいました。２０１４年のＦ１ドライバーは全員が僕より年下です。じつは、この事実にいちばん衝撃を受けているのですが（笑）。

　これまで何度も言っていますが、Ｆ１と自分の仕事を比べることは好きではありません。でもファンが選手やチームなどに自分の人生や哲学を重ね合わせるのは、スポーツのひとつの楽しみ方ですし、だからおもしろいという側面はたしかにあります。僕もそうでした。

　子どもの頃からクルマが好きだった僕は、小学生の時に日本人初のレギュラーＦ１ドライバーの中嶋悟さんやアイルトン・セナによってF1に興味を持ちました。中嶋さんのチャレンジ精神やセナの貪欲に頂点を目指す姿勢に僕は心を動かされました。

やがて中嶋さんは引退し、セナはレース中の事故で亡くなってしまいましたが、F1への関心を失うことはありませんでした。逆にチームの歴史やマシンのテクノロジーなどに興味が広がっていき、ミハエル・シューマッハー、フェルナンド・アロンソ、セバスチャン・ベッテル……次々と登場するスタードライバーたちの戦いにも心を躍らせました。もう20年以上もファンとしてF1を楽しんでいます。

その一方で僕はジャニーズ事務所に入り、表現の世界に足を踏み入れました。この世界に入ってまもなく23年になりますが、これまでF1にずっと熱中できているのは、僕がレースと対極の世界で生きているからだと思います。F1はタイムや順位で結果がはっきり出ます。でも芸事の世界はあいまいな部分が多く、はっきりとした正解がありません。だからこそ僕はF1に夢中になれるのです。

またF1では、ドライバーはマシン性能の限界を引き出すことを目指し、デザイナーやエンジニアは休むことなくマシンを開発し、究極までマシンの性能を突き詰めていこうとベストを尽くしています。F1の世界では、ドライバーもマシンも常に進化しています。それができないドライバーやチームは、F1の世界で生き残ることはできません。

僕の仕事とF1はまったく違うものですが、自分自身も取り組んでいる仕事に対しては「もっといい作品を、もっと完璧に」という思いで常にチャレンジしてきました。僕は性格的に何事においても突き詰めたくなるタイプですし、「もっと速く」と進化しつづけるＦ１に惹《ひ》かれるところがあるのだと思います。

本書ではこれまでの連載をまとめただけでなく、新たに体験企画をいくつか行っています。Ｆ１チームが実際に使用しているレーシングシミュレーターを体験し、鈴鹿サーキット・南コースで初めて本物のフォーミュラカーをドライブしました。僕が鈴鹿で運転したのは入門用のフォーミュラカーでしたが、コクピットの中の世界は僕の想像をはるかに超えるものでした。ファンとしてレースを見ていた景色とはまったく違っていました。それが体感できただけでも僕にとっては大きな収穫でした。それに何よりフォーミュラカーをドライブするのは楽しかったですし、夢のような時間でした。

また現在フェラーリのＦ１チームで活躍する浜島裕英さんとも対談させていただきました。浜島さんとは、Ｆ１でもっとも伝統のあるチームで戦うことの大変さ、フェラーリが世界一のブランドに君臨する理由、組織のトップに立つリーダー論などについてもお話をさせていただきました。大好きなフェラーリの話を聞けて、本当に楽しい時間でした。

本書のためにいろんな人に会い、体験取材をすることで、Ｆ１の神髄にほんの少しだけでも触れられたような気がします。本書を通して、少しでも多くのファンの方々に僕の大好きなＦ１の魅力を感じてもらえれば、僕は幸せです。

CONTENTS
目次

第一章

F1は究極のエンターテイメント

やっぱりF1は究極のエンターテイメント

前作でも書かせていただきました、僕にとってF1は究極のエンターテイメントです。F1は世界最高のドライバーたちによるコース上の戦いがありますが、チームやメーカーによる技術開発の競争でもあります。その2つがしっかりと共存しているところが魅力だと思います。

F1に参戦するチームにはさまざまな部署のスタッフが関わっています。ドライバーやチーム監督はもちろんですが、デザイナー、エンジニア、メカニック、トレーナー、広報PR、スポンサー……。さらに細かく言えば、エンジニアといっても空力担当もいればエンジン、サスペンション、ギヤボックス、タイヤなど、いろいろな担当があります。

それぞれの部署に所属するスタッフが自分の持ち場でベストを尽くしたものの集合体がF1マシンであり、それをドライバーがレースで一番を目指して走らせているわけです。まさに究極の世界です。

それにF1には夢がいっぱいあります。そもそも人間がモノに乗るというのは夢の世界だったと思います。昔は飛行機や鉄道だって夢だったはずです。最近の日本ではクルマに興味がないという人が増えていますが、自動車や新幹線も夢の乗り物と言われていましたよね。新幹線の最高時速は320㎞ですが、F1マシンは時速370㎞以上(2005年のイタリアGP)を記録しています。その新幹線よりも圧倒的に速い乗り物が、F1です。

その夢のマシンを使って、F1チームは世界中をツアーしながらレースをしています。しかも0・01秒でも速く走らせるために、たくさんの人間がいろんな知恵を絞って、休むことなく研究開発を続けています。

2013年に日本GPを観戦しに鈴鹿サーキットに行った時、レッドブルのバックヤードのオフィスを見る機会がありました。そこでは何十人ものスタッフがモニターの前に座り、マシンから無線で送られるテレメトリー(遠隔測定)データをチェックしていました。現在のF1マシンには100を超えるセンサーが取り付けられており、アクセル開度、エンジン回転数、車速の変化、燃料消費量、タイヤ、ブレーキの温度、摩耗など、マシンに関するさまざまなデータをモニタリングしています。そして何かマシンにトラブルが発生しそうになった時に、チームが瞬時に対応できるようにしているのです。

同じく鈴鹿ではエンジンメーカーのルノーのオフィスも見させてもらいましたが、そこでは各ドライバーが走行してピットに帰ってくるごとにエンジンから燃料や各オイルを抜き取ってエンジン状態を確認していました。燃料やオイルに何か金属のかけらが見つかれば、どこかの部品が欠けていることがわかります。そのためにわざわざ抜き取りテストをしているのです。

日本はフライアウェイ(遠征戦)ですが、ひとつの小さい工場がそのままサーキットに来ているようなものです。そこまでお金をかけて、一番になるために誰もがベストを尽くしているのです。Ｆ１はすごいイベントだとあらためて感じました。

Ｆ１に興味のない人にとっては、こんなバカなことはないと思うかもしれませんが、たくさんの大人たちが膨大な時間とお金をかけて世界最速のマシンをつくるために必死になり、そのマシンを走らせるドライバーたちは極限状態のなか全身全霊で戦っています。こんなエネルギーを感じるイベントはなかなかありません。僕にとってＦ１は究極のエンターテイメントです。

究極を突き詰めるものに惹かれる

僕は極限というか、究極を目指して突き詰めていくものに惹《ひ》かれるところがあります。子どもの頃から何でも限界を試してみたくなるタイプで、自転車に乗って坂道で何秒目を閉じていられるかとチャレンジしたりしていました(笑)。そういうことに始まり、仕事においても究めようと没頭するタイプではあります。

最初にも言ったように、Ｆ１ではあらゆるセクションのスタッフがベストを尽くしています。デザイナーやエンジニアがルールの抜け道を探して、マシンを少しでも速くするために毎年のように新しいアイデアを次々と考えていきます。

マシンを整備したり、タイヤ交換を担当したりするメカニックも同じです。数年前にはタイヤ交換を5〜6秒で終えると、「速いなあ」と思っていたら、いまや2秒を切ると言われています。2013年の日本GPでレッドブルのタイヤ交換を間近で見させてもらったのですが、メカニックたちの動きはスムーズで、あっという間に作業を終えていました。

なぜここまで劇的にタイヤ交換の時間を縮めることができたのか？　それはタイヤ交換に使用する道具の改良もありますが、メカニックたちが身体を鍛えているからなんです。

レース前にメカニックの使うホイールガンを持たせてもらったのですが、すごく重いのです。あれを持ってピンポイントでホイールナットに入れてタイヤを交換し、わずか2秒足らずで作業を済ませるのは簡単なことではありません。人並み以上の筋力、瞬発力、反射神経が必要となります。だからメカニックたちもサーキットでトレーニングをしているのです。ドライバーだけでなく、マシンを整備するメカニックまでが身体を鍛えて限界を突き詰めるのがF1です。そういうところが僕は好きなんです。

また限界まで性能を突き詰めたものには美しさがあります。F1で2010年から4年連続コンストラクターズチャンピオンに輝くレッドブルにエンジンを供給するのがフランスのルノーです。僕はV8エンジン最後のシーズンとなった2013年の日本GPでルノー・エンジンを間近で見させてもらいましたが、本当にきれいでした。

あのエンジンは地球上にある最高のV8です。技術的な細かいところはわかりませんが、洗練された雰囲気が漂っていました。ムダがなく、機能を追求した結果生まれる工業製品の美しさがそこにはたしかにありました。そういうものは飽きることなく、いくらでも眺めていることができます。Ｆ１を知らない人からすれば、「なんでエンジンをずっと見ているんだよ。危ないヤツなんじゃないか」となってしまうかもしれませんけどね（笑）。

マシンにも同じことが言えます。チャンピオンチームのレッドブルはやっぱりムダがなく、洗練された美しさがあります。レッドブルよりも成績が下のロータスを見ると、やっぱりレッドブルほど洗練されていません。細部を見ると、気になるところが出てきます。「デザイナーはもっと細部まで手を入れたいんだろうけど、お金がないからできないんだろうなあ」というのを感じ取ることができました。これが下位のチームになると、パッとマシンを見ただけで、「これじゃ絶対にトップになれないよな」と素人の僕でも明らかにわかるのです。

モータースポーツの世界には、速いマシンは美しいという言葉がありますが、まさにそのとおり。スピードの極限を求めて開発されたマシンやエンジンには究極の機能美があるのです。

映画『ラッシュ／プライドと友情』を演じて

１９７６年のジェームス・ハントとニキ・ラウダによる壮絶なチャンピオン争いを題材にし

た映画『ＲＵＳＨ（ラッシュ／プライドと友情）』の日本語版で主人公の吹き替えをＫｉｎＫｉＫｉｄｓが務めさせていただくことになり、僕はジェームス・ハント役を演じました。

ハントとラウダが活躍した時代には、僕はまだ生まれていませんでしたが、Ｆ１ファンの間ではふたりは伝説的なチャンピオンドライバーで、誰もが知っている存在です。だからこの話をいただいた時は単純にＦ１好きの１人としてうれしかったのですが、よくよく考えたらすごいプレッシャーです。Ｆ１を見たことがない人はもちろんですが、熱心なレースファンの方々にも納得していただけるように、大きな重圧を感じつつも、しっかりとハントを演じさせていただきました。

ハントのようなプレイボーイの役はこれまで演じたことがありませんでしたが、自分と全然違うキャラクターのほうが演じるとおもしろいし、やりがいはありました。性格だけで言えば、どちらかと言えば僕はラウダに近いと思います。ラウダは冷静沈着で堅実なタイプ。ただ速く走ることだけでなく、セッティングやクルマの開発にも目を向けて、現代のＦ１ドライバーに通じる資質を持った人です。一方のハントは無鉄砲で、怖いもの知らずの昔ながらのドライバーです。おまけに飛び抜けた遊び人で天才ですからね。

でも、いろいろ自分と照らし合わせてみると、ハントに近い部分もないわけではありません。ハントはレース前に嘔吐《おうと》するぐらい緊張するのですが、いったんマシンに乗り込むと「まったく関係ないよ」と平然とした顔をしています。僕もステージに立つ前は「今日は大丈夫かな」と思うこともありますが、幕が開いてしまえばまったく平気です。そういうところには共感できましたね。

映画のなかでのハントは、表向きは死に対してまったく怖さがないように見えます。プレイボーイとして生活を謳歌《おうか》していますが、その裏には「いつ死んでも後悔しないように楽しむんだ」という人生観があったと思います。だからハントを演じるうえでは「単なるプレイボーイじゃないんだよ」ということを意識しながら表現しました。

今回、『ラッシュ～』で声優を務めさせていただき、１９７０年代のＦ１は本当に死と隣り合わせだということをあらためて感じました。映画のなかのナレーションにもありましたが、「毎年25人のドライバーのなかで２人が死ぬ」という時代です。

だから当時のレースは現代のようにタイヤのマネージメントがどうだとか、チームの戦略がどうだとか、ややこしくありません。マシンの性能がいい悪いも多少はありますが、基本的には死の恐怖に打ち勝って、いかに命をかけてアクセルを踏んでいけるのか、というレースです。

ラウダも１９７６年のドイツＧＰでクラッシュし、全身やけどの大ケガを負い、生死をさまよいました。僕もかつて葉巻型のホンダＦ１マシン（１９６８年型）のコクピットに乗り、エンジンをかけたことがあります。コクピットの周りは薄いアルミの板で覆われているだけで、当時のドライバーは命がけでレースを戦っていたことが肌で感じられました。

映画で描かれた76年はまだ頑丈《がんじょう》なカーボンモノコックも採用されていませんし、クルマの安全性は二の次、三の次という時代です。当時のF1ドライバーは数週間に一度という間隔で死と隣り合わせでレースをしているので、何千人もの女性を抱いたという伝説を持つハントの気持ちがちょっとはわかるような気がします。

やっぱりいつ死ぬかわからないので、子どもを残したいという気持ちになると思うんです。ハントはレース前にピットガレージでも行為に及んでいたようですので、ちょっと度が過ぎているような気がしますが（笑）、そういう本能が働くのは仕方ないのかなとも思います。逆にどんな時も冷静沈着で、瀕死の重傷を負ってもすぐにレースに復帰したラウダのほうが稀《まれ》な人物のような気がします。

それにしても当時のドライバーはすごく自由で個性的です。ラウダはフェラーリの創始者エンツォ・フェラーリに向かって「こんなクソみたいなマシンに乗れるか！」と言ってしまうんですから。いまだったら考えられませんよね。チーム批判ととられて、大きな問題になってしまうでしょう。

現代のドライバーもベッテルにせよアロンソにせよ個性はあるのですが、チームの管理下に置かれて、素顔が見えづらくなっています。こういう時代のレースは危険な面もありますが、おもしろかっただろうなってあらためて思いました。

最後にF1ファンとして付け加えさせてもらえれば、僕も当時のレースを知りたいと思って昔の動画を観たりしていますので、1970年代のエンジンの音やサーキットの雰囲気は知っています。それが映画では忠実に再現されていますので、当時のドキュメンタリー映像を見せられているような気持ちになります。映画はヒューマンドラマなのですが、レースシーンはすごく迫力がありますので、ぜひご覧になっていただきたいと思います。

モータースポーツと死

２０１１年の終盤にモータースポーツで立て続けに大きな事故が発生しました。佐藤琢磨選手も参戦するアメリカ最高峰のフォーミュラレース、インディカー・シリーズでダン・ウェルドンが多重クラッシュに巻き込まれて事故死。オートバイレースの頂点に君臨するロードレース世界選手権（ＭｏｔｏＧＰ）では、マルコ・シモンチェリもレース中のアクシデントによって亡くなりました。

シモンチェリはレース中に転倒し、すぐ後ろを走っていたマシンに追突されてしまいました。バイクのレースのことはあまり詳しくないですが、転倒するアクシデントは決して珍しいことではありません。でも、この事故は避けることは不可能だったように見えました。本当に不運なアクシデントでした。

10代の頃はバイクにも乗っていた時期もありましたが、いまはもう怖くて乗れません。バイクでレースするだけでもすごいことだと思いますが、ライダーたちはレース中に事故を起こしたら危ないとか、死ぬということは考えていないはずです。それよりは他の選手よりも0・1秒でも速く、一番でチェッカーフラッグを受けることしか頭にはないでしょう。それはレースの世界に生きるライダーもドライバーも同じだと思います。

インディカー・シリーズのウェルドンの事故は衝撃的でした。前方で多重クラッシュが発生し、後方を高速で走行していたウェルドンは他のマシンと接触し、宙を舞いました。ウェルドンの車載カメラは、マシンが地面から浮き上がり、壁がどんどん近づいていき、フェンスに激しく衝突する瞬間をとらえていました。

この2つの事故を見て、マシンや装備のさらなる高い安全基準が必要だと思いましたが、同時にモータースポーツは死と隣り合わせのスポーツだとあらためて感じました。人間には道具を使いこなそうとする本能があると思いますが、レーシングドライバーやライダーは人間が扱う道具のなかでも、一般の人には計り知れないほどの性能を備えた道具を使いこなしているのです。でも一歩間違えると、そこには死が待っている――。

F1では1994年のサンマリノGPでアイルトン・セナとローランド・ラッツェンバーガーという2人のドライバーが亡くなったあと、マシンの安全性が飛躍的に向上しました。幸いなことにセナの事故以来、レースで死者は出ていません。

でもモータースポーツは常に死と隣り合わせだという現実を絶対に振り払うことはできない

でしょう。当事者のドライバーやライダーもそれを承知して、みんなレースを戦っているのだと思います。だからこそファンはドライバーやライダーに敬意を払いながら、レースというスポーツを楽しんでいるのだと思います。

F1はファンにとってはスポーツであり、エンターテイメントですが、実際にコースで戦っているドライバーにとっては仕事であり、ある意味、人生や命をかけている部分もあります。年代を遡《さかのぼ》れば、モータースポーツ黎明《れいめい》期のドライバーたちは本当に命がけで戦っていたわけですし、僕が声優をさせていただいた映画『ラッシュ／プライドと友情』の舞台となった1970年代でも毎年何人かのドライバーが死ぬという時代でした。

いまでもレーシングドライバーは一歩間違えれば死に直結するというリスクにさらされながら、卓越した技量と強靭《きょうじん》な精神力でマシンを操っているのです。世界最速のマシンをドライブするF1ドライバーはアスリートとしても究極の存在だと思います。

鈴鹿で目の当たりにしたレッドブルの強さの理由

2013年の日本GPはレッドブルのピットでレースを見させていただきました。戦いの舞台となった鈴鹿サーキットではレッドブルが圧倒的な速さでワン・ツー・フィニッシュを達成しました。4年連続でチャンピオンに輝くレッドブルの戦いを間近で見て、その強さの秘密が少しだけわかったような気がしました。

レッドブルの各スタッフはとにかく落ち着いているのです。トラブルが発生してもまったく慌てることなく、プロとして淡々と自分の仕事に取り組んでいました。たとえばメカニックがピットストップでタイヤ交換する時もそうです。もし作業に手間取れば、大きく順位を失うこともありえます。

でもレッドブルのメカニックはピットインの連絡が入ると、「さて、そろそろかなぁ」と慌てた様子もなく立ち上がり、ポジションにつきます。そしてピットにマシンが止まると、一瞬も手を休めることなく、流れるようにタイヤ交換をしていきます。そのスピードと手際の良さには感心させられました。メカニックの人たちは本当にプロです。

また鈴鹿ではセバスチャン・ベッテルのマシンにトラブルがあり、メカニックがマシンを分解して作業をしていましたが、そこでもスタッフに焦ったところは一切ありません。エンジニアとドライバーの無線も聞かせてもらいましたが、すごく落ち着いていたのも印象的でした。レースは勝負の世界ですのでドライバーだけでなくチームのスタッフも血走った雰囲気になる……と思われがちですが、声を荒げるなんて場面はまったくありませんでした。最善の結果を出すために各部門がシステム化され、組織としてしっかり機能しているのです。

レッドブルと言えば、天才デザイナーと言われるエイドリアン・ニューウェイのつくるマシンや、史上最年少チャンピオンのベッテルのドライビングばかり注目されていますが、チームのマネージメント体制もすばらしいですね。さすがにチャンピオンチームだと感心しましたし、しっかりと統率された組織もレッドブルの強さのひとつの理由だと感じました。

自分たちの姿と重ねた場合、もしＳＨＯＣＫで舞台機構にトラブルが発生したら、どうしてもスタッフは慌ててしまいます。レッドブルのスタッフはＳＨＯＣＫのメンバーよりも落ち着いているかもしれません。結局、そこで焦ってしまうと周りに目を向ける余裕がなくなって、スキをつくってしまうんですよね。

僕も座長としてカンパニーのトップに立っていますので、何かトラブルがあったとしても、絶対に慌てることはありません。なるべく平常心でいようとしています。そこは気をつけています。やっぱりトップに立つ人間が焦ったり、慌てていたりすると、みんなが焦りだしてしまいますからね。

レッドブルはレーシングチームですので、スタッフはみんな闘争心を持っていますが、同時に心に余裕があるのです。必要以上に熱くならずに、静かに闘争心を燃やしながら、すべてのスタッフがプロとしてやるべきことをちゃんとやっています。そこはＳＨＯＣＫのスタッフも同じです。

鈴鹿でチャンピオンチームのレッドブルの戦いを見て、強い組織とはそういうものだとあらためて感じました。

タイヤばかりのＦ１はつまらない

僕が好きなＦ１の姿というのは、チームやエンジンメーカーなどの開発競争とコース上でのドライバー同士の競争が両立しているところです。でも近年のＦ１では完全にタイヤが勝敗を左右してしまっています。とにかくタイヤをいかにうまく使うのかが重要視され、それに付随する形でメカニカルグリップや空力が重要視されています。正直、エンジン性能は二の次、三の次という状況で「どのメーカーのエンジンを載せてもあまり変わらない」という状況になってしまっていました。

２０１２年のＦ１では開幕からの７戦で７人の異なるドライバーが優勝しました。これは半世紀以上のＦ１の歴史においても初めての出来事でしたが、まさに異常事態でした。たしかにレースは毎戦おもしろいですし、「今回は誰が勝つんだろう？」という先が読めない楽しみはありました。でも本来のＦ１の姿とはちょっと違うような気がしていました。

現代のＦ１では次のレースまで２週間もインターバルがあれば、その間にチームがマシンに改良を加えてきます。それを見ながら、「ああ、こんな考えでマシンをつくってきたんだ」とか「この新しいパーツにはどんな効果があるのかな？　タイムはどれぐらい上がるのかな？」という楽しみ方がありました。でもタイヤが支配しているF1では、ドライバーが限界を超えるところまで攻めてタイムを縮めるとか、マシンの改良によってタイムが良くなるとか、そういう世界ではなくなっているように思えます。

タイヤがすべてを〝食って〟しまっているのです。クルマの改良やドライバーのテクニックよりも、ほんのちょっとしたセッティングや路面状況の変化などによってタイヤをうまく使えたらラップタイムが速くなって好成績を収められる、という状況になっています。タイヤの影響があまりに大きすぎるのです。

こうなると、もう運まかせです。こんなクジ引きのようなレースだと、「マシンの改良に意味があるの？」と思ってしまいます。だから繰り返しになりますが、僕のようなマシンが好きで、技術開発に興味がある人間にとっては本来のF1の姿ではないように感じていました。

２０１３年に入って状況は改善されましたが、シーズン中にタイヤがバーストするというアクシデントが多発し、後半戦からに新しいタイヤが投入されることになりました。チームとしてはシーズン半ばでいきなりタイヤの仕様を変えられても、すぐにマシンの特性を大きく変えることはできません。その結果、新しいタイヤに合う合わないで、チームの明暗がくっきり分かれてしまいました。レッドブルは完全に〝おいしい〟状況になり、タイヤの仕様が変わってから連勝を続けました。対照的にフェラーリはすっかり調子を落としてしまいました。

走行時に壊れるタイヤを供給するのは困ったことですし、公平性がしっかりと保たれていないということも大問題だと思います。でも僕が何より憂慮しているのは、タイヤをマネージメントすることを最優先するために、ドライバーが思いっきり攻められないということです。

レースというのはマシンやタイヤの限界まで攻めるというのが醍醐味だと思うのですが、現代のＦ１ではタイヤをもたせるためにチームからドライバーに対して「何秒台をキープするように」と指示が出ます。ドライバーは攻めてはいけないのです。見ているファンからすれば、「そういうレースというのはどうなのかな？　世界最高峰のレースにふさわしいのかな……」とどうしても疑問に感じてしまいます。

Ｆ１にタイヤを単独供給するピレリからすれば「絶対に壊れないタイヤをつくることは可能だけど、レースをおもしろくするためにわざとタレやすいタイヤにしているんだよ」というのが言い分だと思いますが、その考え方そのものに疑問を感じます。

そもそもタイヤでスピードをコントロールしたり、エンターテイメント性を演出するという考え方そのものに僕は違和感を覚えます。タイヤというのはクルマで唯一路面に接しているパーツであり、安全性においてもっとも重要なものです。そのタイヤでスピードをコントロールするというのは手っ取り早いですが、大きなリスクも伴います。実際、最近のＦ１ではマシンの信頼性が上がり、レース中にマシントラブルが発生することは少なくなっていますが、タイヤが壊れてリタイアするケースは増えています。それが現在のＦ１の姿です。

タイヤがレースを支配するという状況を変えるためにも、新しいレギュレーション（技術規則)が導入される2014年以降のF1に僕は期待しています。エンジンが2・4ℓのV8から1・6ℓ直噴ターボのV6に変更されることで、開発競争が本格的に再開し、またエンジンの性能で差がつくようになってくれることを期待しています。

正確に言うと、2014年からの新レギュレーションでは、エンジン単体じゃなくて、エネルギー回生システムを含めた〝パワーユニット〟の勝負になります。各メーカーがどんなエンジンとエネルギー回生システムを開発してくるのか? そのへんはメーカーによっていろんな考え方が出てくると思いますので、すごく楽しみにしています。

2015年に復帰するホンダへの期待

小林可夢偉選手が2012年シーズン限りでシートを失い、2013年F1のエントリーリストから日本のドライバー、チーム、エンジンメーカー、タイヤメーカーの名前がすべて消えてしまいました(可夢偉選手は2014年にケータハムから復帰が決定)。

日本のファンとしてはすごく寂しい気持ちでレースを見ていたのですが、2013年5月、うれしいニュースが飛び込んできました。ホンダがイギリスの名門マクラーレンと組んで2015年からF1復帰することを発表したのです。

僕にとってマクラーレン・ホンダというのは特別な存在です。Ｆ１に興味を持ち始めた頃、アイルトン・セナがドライブしていたマシンが赤と白を基調としたマールボロカラーのマクラーレン・ホンダです。それにエンジンサプライヤーとして大成功を収めたホンダの第二期活動（１９８３年～１９９２年）を象徴するマシンが、マクラーレン・ホンダだと思いますから。きっと多くの日本のＦ１ファンが同じような気持ちを持っているのではないでしょうか。

１９８８年、セナとアラン・プロストを擁したマクラーレン・ホンダは16戦15勝という圧倒的な強さでチャンピオンとなり、世界中にホンダ・エンジンのすごさを見せつけました。あの頃のホンダの活躍とセナの走りは、いまでも強烈な記憶として残っています。僕は、ホンダ・エンジンがＦ１のサーキットを走る姿をもう一度見たいとずっと思っていました。それに１９８０年代と同様にターボエンジンでの復帰ですから、期待せずにはいられません。

もちろんホンダが第三期（２０００年～２００８年）の撤退を決めた時はすごく残念でしたが、当時の経済状況やエコを重視する世の中の流れを踏まえて考えると、仕方ない部分があったと感じていました。でも２０１４年から環境技術を重視した新しいレギュレーションがＦ１に導入されることになりました。

１・６ℓという小排気量のターボエンジンやエネルギー回生システムなど市販車でも使える環境技術が採用されることで、レースで磨かれた技術を市販車にも活かすことができます。逆にハイブリッドカーや電気自動車などの市販のエコカーに採用されている技術をレースに活かすことがしやすい環境にもなりました。かつてホンダの創業者である本田宗一郎さんが「レースは走る実験室」と言っていましたが、まさにそういう状況になったので、これまでよりも自動車メーカーが参戦しやすい状況になると感じていました。

そんななかで他の自動車メーカーじゃなく、ホンダが真っ先に手をあげてくれたのがうれしいんです。僕は、ホンダはクルマ好きとかレース好きの夢をかなえてくれる会社だと思っていました。いまの世の中、クルマと言えば燃費や環境のことばかりがクローズアップされる時代ですが、それだけがすべてではありません。クルマを運転する楽しさやモータースポーツの楽しさも追い求めてくれるのがホンダだと思っていました。そんな期待にしっかりと応えてくれたことが自分としてはすごくうれしいんです。

僕は第二期ホンダの圧勝劇を鮮明に覚えていますので、新しいレギュレーションのもとでもライバルの一歩先を行くというか、革新的なパワーユニットであってほしいと思っています。そしてＦ１に新しい風を吹かせてくれることを期待しています。

第二章

僕の好きなＦ１ドライバーたち

新陳代謝が激しいＦ１は芸能界と同じ

前作を出版した3年前に比べると、Ｆ１に参戦するドライバーの顔ぶれは激変しました。2010年シーズンのＦ１にはスポット参戦を含めて合計27人が出場していますが、現在もエントリーリストに名前を連ねているのはセバスチャン・ベッテル、フェルナンド・アロンソ、ルイス・ハミルトン、ジェンソン・バトン、フェリペ・マッサ、ニコ・ロズベルグなど、上位の8〜9人しかいません。

それ以外のドライバーは引退したり、他のカテゴリーに移ってしまったりして、Ｆ１の世界からいなくなってしまいました。ドライバーだけでなく消滅してしまったチームもあります。これだけ新陳代謝が激しいのは、芸能界と一緒かもしれません。

ここ最近、Ｆ１の世界ではチームに資金を持ち込んでシートを獲得する〝ペイドライバー〟が多すぎると問題視する人がいます。たしかに高い実力があるのに、資金がなくてシートを得られないドライバーがいるのは事実です。でも3年前から残っているドライバーの顔ぶれを見ると、真のＦ１ドライバーと言える人がほとんどなのもまた事実です。

そのあたりの事情も芸能界と一緒です。結局、続けること、続けられること、残っていることが大変なのです。そこには運も必要です。ただ、その運を引き寄せるのも本人です。

F1の世界ではドライバーになるためには「正しいタイミングで、正しいポジションにいることが大事」と言われますが、それはどの世界でも同じです。もちろん人生においても同じことが言えるのかもしれません。

わかりやすい例を出せば、2013年のプロ野球で東北楽天ゴールデンイーグルスの田中将大選手が開幕24連勝という記録を残し、大きな注目を集めました。彼があれだけの偉大な投手になったのも、楽天という決して強くないチームで1年目から投げられたことが大きかったと思います。もし田中投手が読売ジャイアンツに入っていたら、2013年にあれだけの成績を残すことはできなかったかもしれません。田中投手にとっては楽天に入団したことがチャンスだったんですよね。そのチャンスを彼は自らの手でつかみ、活かしたのです。

それは2013年にF1史上最年少で4連覇を達成したベッテルにも言えることです。ベッテルは最初BMWザウバーのテストドライバーとして19歳でF1の世界に入ってきました。当初は「まだ若すぎる」と言われていましたが、2007年、BMWザウバーのレギュラードライバーがケガをして急遽《きゅうきょ》デビューすることになったレースでいきなり8位入賞。史上最年少のF1入賞記録を樹立しました。

デビュー戦の走りが評価され、シーズン中にレッドブルのジュニアチームとも言えるイタリアのトロロッソに移籍。そこでも2年目には初優勝を飾り、F1史上最年少優勝の記録（21歳と73日）を打ちたてました。そしてトップチームのレッドブルのレギュラードライバーに昇格し、現在のベッテルがあるのです。彼はチャンスをものにして、自らの手でいまのポジションをつかみとったのです。

スターはいつもすぐそこにいる

僕がＦ１中継を見始めた１９８０年代の後半から90年代の前半にかけては、アイルトン・セナという速さとカリスマ性を備えた絶対的なスーパースターがいました。セナが１９９４年のサンマリノＧＰで亡くなった時に「もうこの人を越えるドライバーは永遠に出てこないだろう。Ｆ１はこれからどうなるんだろう」と思い、すごくショックを受けました。

ところが、すぐにミハエル・シューマッハーが登場し、これまでの記録をすべて塗り替えるような大活躍をし、世界中のＦ１ファンを虜《とりこ》にしました。シューマッハーの記録は圧倒的です。Ｆ１史上最多の91回の優勝（2位のアラン・プロストは51勝）、前人未到の7度の世界チャンピオン獲得（2位のファン-マヌエル・ファンジオは5度）など、2位の選手の記録を大きく引き離しています。

「これらの記録はもう破られないだろう。シューマッハーを越えるドライバーは絶対に出てこないはずだ」

そう誰もが思っていました。でもシューマッハーが最初に引退した2006年の翌シーズンにはセバスチャン・ベッテルがF1にデビューを果たしています。次世代のスターは常にそこにいるというのはおもしろいですね。

現在26歳のベッテルは2010年に史上最年少で初めての世界チャンピオンに輝きました。以降、4年連続でF1の頂点に君臨するベッテルは、次々とF1の最年少記録を更新し、シューマッハーの記録に迫っています。

2013年にはシューマッハーに並ぶシーズン最多の13勝を挙げ、通算勝利数を39まで伸ばしました。またシーズン後半の第11戦のベルギーGPから最終戦のブラジルGPまで9連勝を達成し、F1黎明期の1952年から53年にかけて9連勝を飾った伝説のイタリア人ドライバー、アルベルト・アスカリの記録にも並びました。

2013年のベッテルは異次元の走りでした。この世の中に完璧というものは存在しないと僕は信じていますが、ベッテルは完璧に近い走りだったと思います。それはデータからも明らかです。チームメートのマーク・ウエバー（199点）の約2倍にあたる397点も獲得し、たった一人でコンストラクターズランキング2位になったメルセデスのニコ・ロズベルグとルイス・ハミルトンの2人が稼いだポイント（360点）を上回っているのです。

計算上では、ドライバーズチャンピオンだけでなく、1人で〝コンストラクターズチャンピオン〟にもなっているのです(笑)。

ベッテルは順調にキャリアを重ねており、このまま成績を残しつづけていけば、それほど遠くない未来にベッテルはシューマッハーの記録をすべて追い抜いてしまうかもしれません。

僕はベッテルの走りだけでなく、やんちゃなキャラクターが好きです。2013年のマレーシアGPで、ベッテルはチームからの指示を無視して、チームメートのウエバーから優勝を奪い取るという事件がありました。

レースが始まる前、チーム内で「すべてのタイヤ交換を終えた時点でのポジションでゴールする」という取り決めがあったといいます。そしてレース本番ですべてのタイヤ交換を終えた時点の順位は1位ウエバー、2位ベッテルとなっていました。

レッドブルとしてはワン・ツー態勢ですので、予定どおりに「エンジンとタイヤを温存し、そのままの順位でゴールしろ」という指示を出したのです。ところが優勝にこだわるベッテルはチームからの指示を無視し、スピードを落としていたウェバーに戦いを挑み、優勝を奪い取ってしまいました。レース後、ベッテルに対してはチーム内からも批判の声が上がっていました。

でも僕は、ああいう人間らしいところを見られてうれしかったです。アイルトン・セナもミハエル・シューマッハーも歴代の偉大なチャンピオンもみんなそうだったじゃないですか。「チャンスがあれば勝ちたい！　少しでも前のポジションに行きたい！」というのがレーシングドライバーの本来の姿であり、それがレーサーのDNAだと思います。

それ以降のレースでも、ベッテルは2位以下を大きく引き離して優勝が確実という状況になり、チームから「もうゆっくり走っていいよ」と指示を出されても、最速ラップを狙っていったり、優勝してルールで禁止されているドーナツターンをファンの前でやったり、そういう部分は彼の良さだと思います。現代のドライバーは個性がなくなったと言われていますが、ベッテルにはやんちゃな部分はなくしてほしくないです。

F1の未来を担うベッテルが真価を問われる時

セバスチャン・ベッテルは今後のF1を牽引《けんいん》していく存在だと認めていますが、僕はまだミハエル・シューマッハーやフェルナンド・アロンソの域に達していないと思います。

というのも、シューマッハーやアロンソは弱いチームを強いチームにつくり上げて、チャンピオンを獲得していますが、ベッテルはまだそういう経験をしていません。これまで数々のチャンピオンマシンを設計してきたエイドリアン・ニューウェイがつくる最速マシンをドライブし、ポンポンと4年連続でチャンピオンになった印象があります。

たとえばシューマッハーはベネトンで頭角を現して、1996年に名門のフェラーリに入りましたた。でも当時のフェラーリはチャンピオン争いに加われるほどのトップチームではありませんでした。シューマッハーも加入当初はすごく苦労して、なかなか勝てない日々を送っていましたが、少しずつチームをまとめていき、時間をかけてフェラーリを復興させました。

その結果、フェラーリは１９９９年に16年ぶりにコンストラクターズチャンピオンに輝きます。シューマッハーは翌２０００年から５年連続でドライバーズチャンピオンとなり、フェラーリの最強時代を築き上げたのです。

アロンソもシューマッハーと同じような道を歩んでいます。イタリアの弱小チーム、ミナルディで実力を示し、２００２年にルノーに抜擢されました。最初はテストドライバーとして力を磨き、レギュラードライバーに昇格。若いながら抜群の安定感でチームを牽引し、２００５年と２００６年にはついにシューマッハーを倒して2年連続でチャンピオンに輝きました。

その後、マクラーレン、再びルノーで戦ったあと、アロンソは２０１０年にフェラーリに加入します。アロンソは毎年のようにチャンピオン争いに加わっていますが、タイトルに手が届くところまでいっていません。でもアロンソは自分の仕事をきっちりこなすことで、シューマッハーの引退によって弱体化したフェラーリを盛り上げ、苦しい状況のなかでいつもベストの成績を残しつづけています。

でもベッテルの場合は、シューマッハーやアロンソが経験してきた苦労を全部飛び越して、あまりにすんなりとタイトルを手にしているように見えてしまうのです。ベッテルの純粋な速さは誰もが認めるところなのですが、「今年はクルマがダメだ」となった時にエースドライバーとしてどうやってチームを盛り上げ、牽引する力を持っているのか。そのあたりはまだ見えてきません。

もうひとつはっきりしないのはベッテルの速さの理由なのです。2013年、ベッテルは19戦中13勝し、圧倒的な強さでチャンピオンに輝きました。シューマッハーが18戦中13勝した2004年も圧倒的でしたが、ベッテルはそれ以上だったと思います。とくにシーズン終盤は他をまったく寄せ付けない異次元の速さでした。

でもベッテルの速さには謎の部分が多いのです。シューマッハーが5連覇を達成した時は、単純にシューマッハーがドライバーとしても優れていたことに加え、当時はブリヂストンとミシュランのタイヤ開発競争があり、ブリヂストンはフェラーリのマシンに特化した高性能のタイヤをつくっていました。また当時のフェラーリの参謀役だったロス・ブラウンの戦術面もすばらしかったなど……強さの原因がはっきりしていました。

ベッテルの場合、エイドリアン・ニューウェイのマシンがすばらしいことはわかりますが、なぜ彼だけあんな速いタイムで走ることができるのか、その理由がよくわからないのです。前章でも書きましたが、現在のF1で使用されているピレリタイヤはハードに攻めて速いタイムで走り続けると、すぐにタイヤが摩耗してしまうのです。

ところがベッテルは違います。チームメートのマーク・ウエバーを含め他のドライバーはタイヤがタレてしまっているのに、彼1人だけ速いタイムで安定して走っているシーンが何度もありました。だからベッテルのマシンにはレギュレーションで禁止されている電子制御機構のトラクションコントロールが付いているんじゃないか、という疑惑が一時期、持ち上がっていました。それぐらいベッテルの走りは突出していました。

ベッテルは扱いが難しいピレリタイヤを完璧に使いこなしていますが、彼のドライビングのデータを見たいですよね。セナはコーナリング中に細かくアクセルをオンオフする〝セナ足〟という独自のテクニックがありました。ベッテルのドライビングにもセナ足のような秘密があるのかもしれません。それを知りたいです。

いずれにせよ、ベッテルがすばらしいドライバーであることは間違いないですし、これからどこまで成長するのか楽しみです。ただ、これからもずっと右肩上がりでいけるとは限りません。壁にぶつかり、勝てなくなった時にベッテルはどう振る舞うのか。そこで彼はドライバーとしての真価を問われることになると思います。

シューマッハー2度目の引退に感じた〝寂しさ〟

2012年の日本GPでミハエル・シューマッハーが2度目の引退を表明したことは、僕にとっては大きな出来事でした。シューマッハーが引退するというニュースを聞いた時は、すごく驚きましたし、とても残念に思いました。

2006年のシーズン限りで一度F1から引退し、フェラーリのアドバイザーを務めていたシューマッハーは2010年に新たに結成されたメルセデスから復帰を果たしました。しかし結果だけ言えば、3シーズンで最高位は2012年ヨーロッパGPの3位。前人未到の91勝を挙げ、7度の世界チャンピオンに輝いたシューマッハーは結局、メルセデスでは一度も表彰台の中央に立つことはありませんでした。

僕は、とにかくシューマッハーが勝つ姿をもう一度見たかった。彼は間違いなくマシンの開発能力が高い選手です。実際、メルセデスがチームを立ち上げた2010年は苦労しましたが、徐々にマシンの競争力を上げ、3シーズン目にはようやくチームメートのニコ・ロズベルグが初優勝を達成。メルセデスは安定して上位争いができるところまで力をつけてきました。

僕自身、2013年がメルセデスとシューマッハーにとって勝負のシーズンになると思っていました。ところが、いよいよチャンピオン争いをするのかと思っていた矢先に、「ハイッ、終わり!」と突然引退してしまったという印象でした。

「これでもし2013年にメルセデスのクルマが良くなったら、なんだかなあ……」と思っていたら、ロズベルグが2勝を挙げ、新加入のルイス・ハミルトンも1勝。メルセデスは復帰以来最高となるコンストラクターズランキング2位という好成績を残しました。

「2013年のクルマにシューマッハーを乗せてみたかった」

それは僕の偽らざる気持ちです。ただ、復帰後のシューマッハーからはかつてのような闘争心は感じられませんでした。〝ターミネーター〟とか〝サイボーグ〟と呼ばれていた頃の冷徹な走りを見ることはできませんでした。全盛期のシューマッハーは勝利に対して並み外れた執着心を持ち、ひとつでも前のポジションを獲得するために貪欲に戦っていました。

ところが引退レースとなった2012年のブラジルGPでも、シューマッハーは同郷のセバスチャン・ベッテルにやすやすとポジションを譲ってしまった。何だかすっかりいい人になっていましたね(笑)。同じドイツ人で、ベッテルを幼少の頃から知っているとはいえ、僕はベッテルをブロックするシューマッハーを見たかった。

シューマッハーが復帰後に思うように力を発揮できなかった最大の要因は、2006年に最初に引退したあと、F1の状況が大きく変わってしまったことです。僕には、シューマッハーのドライビングスタイルが現代のF1に最後までフィットしていなかったように見えました。

シューマッハーは攻めてなんぼの男だと思います。ところが現在のピレリタイヤは限界まで攻め続けると、タイヤがすぐにグリップを失ってしまうという特性があります。シューマッハーは決してタイヤの使い方が下手だと思いませんが、彼はどちらかと言えば、限界ギリギリまで攻めて、マシンやタイヤが持っているポテンシャル以上を引き出すドライバーです。そんなドライビングスタイルは、現在のF1に合いませんでした。

シューマッハー本人もピレリタイヤについて「ドライバーが100%の力で走ることができ

ない」と不満を漏らしており、いつも我慢のレースを強いられていました。しかも最後のシーズンの中盤以降、メルセデスはマシンを進化させることを断念し、翌年に開発のパワーをシフトしてしまいました。シーズン終盤のシューマッハーは、自分が乗ることのない２０１３年用マシンのテスト要員のようになっていました。そんな姿を見ているのはつらかったです。たしかにシューマッハーは全盛期よりも力が落ちていたかもしれません。でも彼はスターだったし、華があったのもたしかだったと思います。シューマッハーが戻ってきてから3年間、彼の走りに、僕を含めて多くのファンがワクワクさせられました。シューマッハーがモナコＧＰの予選で最速タイムをマークした時、世界中のメディアやファンが大騒ぎしていました。あんなアグレッシブな走りを見せてくれることをみんな期待していたんです。

繰り返しになってしまいますが、だからこそ最後にベッテルとやりあってほしかった。若き王者ベッテルを相手にかつてのようなギラギラした走りを見たかったんですよね。

人の意見はさまざまで、「復帰なんかしなければ、偉大な王者のままでいられたのに……。晩節を汚した」と言う人もいるし、「まだまだやれるのに、もったいない」という人もいます。

僕は「いいクルマに乗せてあげたかった」という気持ちがある半面、「もしいいクルマに乗って結果を残せなかったら、本当にダメだと烙印《らくいん》を押されてしまう……」という思いもありました。シューマッハーが復帰した3シーズン、メルセデスのクルマは良くありませんでした。それはＦ１ファンの誰しもがわかっています。だから、まだ夢が完全に終わっていないなかでシューマッハーも引退できたのかなと思うのです。そういう意味ではスッキリしています。

もちろん一度も勝てないままで7度も世界タイトルを獲得した偉大なチャンピオンがF1ドライバーのキャリアに終止符を打つのは、寂しいという気持ちもないわけではありません。でも時代は流れていくのです。仕方がないことだと思いますし、それがスポーツの現実であり、人間の真実なのかなとも思いました……。やっぱりシューマッハーも人間だったということなのかもしれません。

クールなライコネンに脱帽

すごく速くてレース巧者なのですが、少し気まぐれなところがあるキミ・ライコネンは、僕が大好きなドライバーの1人です。2007年にフェラーリで世界チャンピオンになったライコネンは、2009年シーズン限りでいったんF1を離れました。

その後、WRC（世界ラリー選手権）やアメリカのNASCAR（ナスカー）に出場していましたが、2012年に突如ロータスからF1復帰を果たします。このニュースを聞いた時、僕は「結構苦戦するかもしれない」と感じていました。

というのも、ほぼ同時期にF1に復帰したミハエル・シューマッハーは新しいピレリタイヤへの対応に苦しんでいましたし、ロータスも決してトップチームではなかったからです。「勝てるまでにどれぐらい時間がかかるのだろう」と思っていました。

ところがライコネンは復帰戦からまったくブランクを感じさせない走りを披露します。開幕戦から淡々と走ってポイントを重ね、復帰18戦目のアブダビGPでは自身にとって3年ぶりの優勝を果たします。ドライバーズランキング3位という好成績を残しました。

でもライコネンにしてみれば、チャンピオン経験者なわけですから、当然タイトルは獲りたかったと思いますので、ランキング3位という成績に不満があったかもしれません。だからアブダビでチームから無線で出された指示に対して「ほっといてくれ！　俺は自分のやるべき仕事はわかっている！」と怒鳴ったのかもしれません。でも、そういうイライラが一切ドライビングに出てきません。クールに飄々《ひょうひょう》と自分のやるべき仕事をこなし、見事に優勝を飾りました。

そうすることで、チームに対して「お前らクルマをもっと良くしろよ！」という無言のメッセージを送っていたんだと思います。言葉じゃなく、結果でチームを引っ張っていくのもライコネンらしいですし、僕はそういうスタイルは嫌いじゃありません。2012年の戦いを見て、ライコネンをあらためて好きになりました。

翌年もライコネンは安定感のある走りを見せ続け、ついにはミハエル・シューマッハーが2001年から03年にかけて打ち立てた大記録（24戦連続入賞）を更新し、27戦連続入賞という快挙を達成しました。この安定感はすごいとしか言いようがありません。

しかもライコネンは接近戦になっても冷静沈着でフェアです。決して無理なブロックはしませんが、「ここぞっ！」という勝負どころでは凄まじい走りをします。ライコネンのドライビングを見ていると、「これぞ、F1ドライバーのドライビングなんだ」と感嘆しますし、「F1はスポーツなんだ」とあらためて思わせてくれます。

クールでレース巧者なライコネンですが、気まぐれでマイペースなところは相変わらずです。かつてモナコGPでリタイアした時にピットに戻らず、そのまま水着に着替えてクルーザーに寝そべってお酒を飲んでいたこともありましたが、2013年もそんな一面を見せてくれました。開幕戦を制してシーズンを通して安定した成績を収め、自身も所属していたルノーもランキング3位になる可能性があったのにもかかわらず、最後の2戦を欠場してしまいました。

古傷の背中を手術するためとか、チームからのギャラが未払いだったとか、理由はいろいろ取りざたされていますが、シーズン終盤の土壇場であっさり欠場しちゃうのはライコネンらしいと思いますね(笑)。

フェラーリに新風を吹き込むライコネン

そのキミ・ライコネンは2014年からフェラーリに復帰することが決まりました。復帰が発表されたあと、ライコネン本人は「フェラーリでチャンピオンになったことは忘れられない思い出だ」とコメントしていましたので、やっぱり彼にとってフェラーリは特別だったと思います。乗れるんだったらもう一度あそこで乗りたいという気持ちがあったのでしょう。

とはいえ、フェラーリ復帰というニュースが流れた時に「まさか⁉」という声が各方面から上がっていました。事実、僕自身もそう感じました。ライコネンは2009年にチームを離れましたが、フェラーリとの契約は残っていました。フェラーリは当時ルノーに所属していたアロンソを移籍させるために、実質的にライコネンをチームから追い出した形だったので、多くの人がフェラーリへの復帰に対して驚きを感じるのも当然です。

でもライコネンにすれば、そんなことは関係ないんですよね。「アロンソがチームメートだろうが、ちゃんと結果を出せばいいんだろ！」と思っているのでしょう。ライコネンは他人のことなんかはどうでもいいんですよね。そこも彼のいいところです。

ライコネンは根っからレースをすること、競争をすることが好きなんだと思います。フェラーリには、契約上はナンバー1とナンバー2の違いはないと言われていますが、現実は違います。レースの世界ではチーム内でナンバー1の座をつかみ取ることも競争なわけで、「どっちが速いのか、チームに認めさせてやろう」とライコネン自身は思っているはず。

ライコネンは競争を純粋に楽しむことができるタイプの人間だと思います。そういう人の心はどんな時も乱れないし、強いと思います。逆にアロンソのほうが、精神的にはもろいのかなと感じます。いずれにせよ、ライコネンとアロンソの2人がどんなふうに戦っていくのか？すごく楽しみです。

2人ともマシンが良くなくても最大限の結果を出せるタイプですし、不用意なミスでマシンを壊すようなドライバーではありませんので、激しくやりあってほしい。ただ気になるのは、誰がどうやってチームをまとめていくのか。

たとえばどっちかが前を走っていて、後ろのドライバーのほうがいいペースで走っている時にチームがどういう判断を下すのか。そこは楽しみであると同時にすごく気になっています。2人の感情が爆発して、チームが混乱するという事態だけは避けてほしい。

そのへんのリスクは当然フェラーリもわかっていると思います。それでもあえてライコネンを選んだということは、タイトル獲得のために改革が必要だと首脳陣が判断したのでしょう。ライコネンという新しい風が入った2014年のフェラーリに僕は期待しています。

いちばん強いドライバー、アロンソ

チャンピオン奪還を期待され、2010年にフェラーリに加入したフェルナンド・アロンソ。しかしフェラーリのナンバー1ドライバーとして戦った過去4シーズンは、タイトル争いに加わりましたが、結果としてレッドブルのセバスチャン・ベッテルに敗れ続け、チャンピオンには手が届いていません。２０１３年シーズンを含めてランキング２位が３回、ランキング４位が１回という成績に終わっています。

ただ僕は、現在のドライバーのなかでアロンソがいちばん強いドライバーだと評価しています。Ｆ１に〝もし〟は存在しませんが、もしベッテルとアロンソを同じマシンに乗せたとしたら、アロンソのほうがいい成績を残すと思っています。

アロンソは一発が速いという印象はないのですが、とにかくうまいのです。予選で後方になったとしてもいつの間にか上位につけているという印象なのですが、かといってアイルトン・セナのライバルだったアラン・プロストのようなスマートな戦略家というタイプでもない。勝負する時はきっちりと勝負します。アロンソのすごさは、自分の置かれた状況に合わせることができること。それが強さの理由のひとつだと思います。

実際、タイヤやレギュレーションがどんなに変わっても、アロンソは常に第一線で活躍しつづけています。彼はブリヂストンとミシュランのタイヤ開発競争の全盛時代に頭角を現しましたが、その後、レギュレーションが変わってルノーが低迷した時代にも、きちんと結果を出しています。そしていま、ピレリのワンメイク時代でも強さを見せつけています。とはいえ、ただ周りの環境に合わせるだけでは、結果を残しつづけることはできないと思います。

「自分の置かれた状況のなかでどうすれば最善の結果を出せるのか？」

その問いに対するベストの答えを見つけ出して、実行していけるだけの精神力と技術を持っているところこそが、アロンソの強さの真の理由だと思います。仮にベストを見つけられても、それ以上のものを求めて自爆してしまう人はいっぱいいます。同じように、最善の結果を出せずに、上りつめられない人もいます。でもアロンソはベストの答えを導き出し、実行できる能力を兼ね備えているのだと思います。

タイトルを逃しているとはいえ、アロンソはフェラーリに加入してから毎シーズン、チャンピオンにふさわしい走りをしていると思います。２００６年にミハエル・シューマッハーが引退し、チームを支えていたロス・ブラウンやジャン・トッドもチームを離れたあと、フェラーリは弱体化していました。しかしアロンソがチームリーダーとしてフェラーリに君臨して、スタッフがアロンソのために一丸となって戦っているように見えます。その結果としてチームが確実に強くなってきていると僕は思います。

フェラーリのマシンはレッドブルと比較すると明らかに競争力が劣っています。それでもアロンソは自分の仕事をきっちりして、最善のリザルトを重ねていきました。そういうふうにして成績でチームを鼓舞するというリーダーシップにはつくづく感心させられます。あんな走りをされると、チームのスタッフだって「最後まであきらめちゃいけない。もっとクルマを良くしてタイトルを取ろう」と一丸になると思います。

アロンソは２００５年と06年に当時フェラーリのシューマッハーを下してタイトルを獲得し

ています。その時代よりもはるかに次元の高い走りをしていると思います。

フェラーリのチャンピオン経験者コンビへの期待

「2番目になるようなクルマじゃなくてもランキング2位になれた」

フェルナンド・アロンソは2013年のシーズンを振り返っていましたが、まさにアロンソの言うとおりだと思います。そこは誇りにしてもいいと思いますが、そうやって自分自身に言い聞かせないと、アロンソはモチベーションを保てなかったのではないか。そう僕は感じています。それぐらいセバスチャン・ベッテルとレッドブルのパッケージは飛びぬけていました。

でも2013年シーズンの開幕時点では、フェラーリのクルマの競争力は高く、序盤戦の中国GPと母国スペインGPで優勝を飾っています。おそらく本人はチャンピオンになることを期待していたと思うのです。ところがシーズンが進んでいくうちに相対的に競争力を下げ、さらにシーズン中のピレリタイヤのスペック変更がダメ押しになってしまいました。後半戦のフェラーリは本当に苦しみ、優勝争いにほとんど加われませんでした。冒頭のアロンソの言葉は、彼の心理状態をよく表していると思います。

逆に2012年シーズンは、開幕時点でクルマの競争力が低かったので、そこからみんなで何とかしようというモチベーションのなかで最後まで戦うことができたと思います。アロンソはたとえ予選で順位が悪くても、決勝では粘り強い走りで巻き返し、チームを牽引してきました。そしてタイトルは逃しましたが、最終戦までベッテルと激しい王座争いを演じました。

非力なマシンだったとしても、ミスのないドライビングと粘り強さでカバーし、同じ土俵で勝負に持ち込めた時にはアロンソの良さは出ると思うのですが、2013年のレッドブルとベッテルは異次元の存在でした。アロンソはベッテルと同じ土俵に立つことができませんでした。

そんななか、アロンソはチームを批判したとしてルカ・ディ・モンテゼモーロ会長に叱責《しっせき》されたというニュースも流れました。でもマシンの競争力が低いと言うことを、非難だと思うのか、激励だと感じるのか、人によって受け止め方はさまざまだと思います。僕は、チームと自分自身のモチベーションを上げるためのアロンソ流の激励だと受けとめていました。それにマシンが良くなかったのは事実です。フェラーリはドライバーもメカニックもスタッフ全員がファミリーとして戦うという哲学があります。でも僕は、言うべきことをちゃんと言うのもファミリーだと思うんです。

2014年、フェラーリはアロンソのパートナーにキミ・ライコネンを迎え入れ、新しいドライバーラインナップで巻き返していくことになります。チャンピオン経験者が同じチームでコンビを組むというのは、近年には見られなかった形です。言ってみれば、マクラーレン・ホンダ時代のアラン・プロストとアイルトン・セナ以来の強力なコンビになります。

アロンソとライコネンというのは非常に楽しみな組み合わせです。単純にどっちが速いのか？　すごく気になります。とにかくフェラーリにはいいマシンを用意してほしい。せっかくチャンピオンを2人そろえても、7位と8位を争っているのでは興ざめです。2人のドライバーがシーズンを通して高いモチベーションを保ちながらレースに取り組めるように、フェラーリには競争力のあるマシンをつくってほしいです。

可夢偉選手のシート喪失とカムバックに見たF1の現実

2009年のシーズン終盤にトヨタからF1デビューを果たした小林可夢偉選手。この年限りでトヨタはF1を撤退しましたが、翌2010年スイスのザウバーにシートを獲得。以降、3シーズンにわたって中堅チームのザウバーで活躍しました。

2012年シーズン限りでF1のシートを失いましたが、2013年はフェラーリのレーシングチームと契約。イタリアのAFコルセチームで市販車をベースにしたGTカーをドライブし、世界耐久選手権（WEC）に参戦していました。日本人ドライバーがフェラーリと契約したことはすごいことだと思いますが、やっぱり可夢偉選手には世界最高峰のF1で走ってもらいたいという気持ちがありました。

２０１２年の可夢偉選手はザウバーで本当にいいレースをしていました。母国の日本ＧＰでは実力で３位表彰台を獲得し、翌年、マクラーレンに移籍したチームメートのセルジオ・ペレスよりも多い合計９回の入賞を果たしました。アグレッシブに攻めながらも、安定してマシンをゴールまで持ってくるという高い能力を見せてくれたと思います。

ただ、あらためてシーズンを振り返ると、ツキに見放されていたと感じました。予選順位が良かったレースで他のマシンに接触されたり、ピットストップでミスがあったりして、上位入賞を逃しました。またチームの戦略ミスもありました。そういう不運がなければ、もっといい成績を残せたと思います。レースには〝たられば〟はないですが、すごく残念でなりません。

運がなかったとはいえ、可夢偉選手はＦ１で戦える力を充分に証明したと思います。でもＦ１のシートが獲得できない。日本のファンからすれば、当然「何でなの⁉」と納得できない部分はありますが、それがＦ１の現実なのです。たとえＦ１で活躍するだけの能力があったとしても、一部のトップドライバーを除いて、そこに乗るためにはお金が必要だという……。

可夢偉選手のシート喪失はＦ１の厳しい現実をさらけだしていると思いました。それでも可夢偉選手には早くＦ１にカムバックしてほしいと願っていましたが、２０１４年にイギリスのケータハムから参戦することが決まりました。決して恵まれたチーム状況とは言えませんが、いい走りをみせることができれば、トップチームにステップアップするきっかけになると思います。可夢偉選手にとって新たなスタートの年になることをファンの１人として願っています。

第三章

憧れのフォーミュラカー体験　前編

レーサーはとてつもない生き物です

鈴鹿の難しいコーナーをうまく攻略し、最終コーナーの直前まで自分のベストの走りができていました。

「このラップで絶対にベストタイムが出る！」

本格的なスクール用オリジナルフォーミュラカーと格闘しながら、僕はコクピットの中で確信していました。その確信が焦りを生んだのかもしれません。少しでもタイムを縮めようとするあまり、最終コーナーを脱出する際にちょっと早めにアクセルを踏み込んでしまいました。スピードに乗ったマシンは走行ラインからやや外れ、アウトに流れていきましたが、ギリギリ曲がっていけると思いました。

「うまく縁石に乗って、そのままコーナーを駆け抜けてくれ！」

祈るような気持ちでハンドルを握っていたのですが……。タイヤが縁石に乗り過ぎてしまい、内側に巻き込むような形でクルリと一回転。無情にもマシンはそのままコース上に横向きで止まってしまいました。

「ああ、クソー！」

コクピットの中で思わず声が出てしまいました。神頼みしたのですが、神様は頼まれてくれませんでしたね(笑)。

メカニックや講師の方が慌ててマシンに駆け寄ってくる姿をヘルメット越しに見ていましたが、この時の気持ちをどう表現すればいいのか……。もちろんミスをした自分自身に対する情けなさや怒りはありますが、それよりも僕のために時間をかけてマシンを整備してくれたメカニックの方やドライビングについて丁寧に教えてくれた講師の方にすごく申し訳ない気持ちになりました。

「もしこれが本当のレースだったらどうなるのか……?」

それを考えると恐ろしくなりました。F1のレースでも、ドライバーの不用意なドライビングミスによってコースアウトしたり、リタイアしたりすることがあります。メカニックが怒ってグローブを投げつけるというのはF1ではよくあるシーンですが、その時のドライバーの心境が少しだけわかりました。

でもプロのレーシングドライバーはもっとたくさんの人たち――チームのスタッフ、クルマをつくったメカニックやエンジニア、スポンサー、ファンなど――の気持ちを背負いながら走っています。そんな重圧のなかでマシンをドライブしているだけでもすごいことだと思いますが、ミスした時の落胆は言葉で言い表せないほど大きいはずです。レースは本当に恐ろしい世界だと実感しました。

これが今回のフォーミュラカー体験取材でもっとも印象に残っているシーンのひとつです。ここにフォーミュラカーをドライブすることの楽しさ、難しさ、奥深さなどが凝縮されているように思えます。覚えたテクニックを駆使してマシンをうまく操れた時の心地良さ、タイムを更新した時の喜び、ミスした時の絶望感、ちょっとした油断によって一瞬で天国から地獄へと落ちてしまう厳しさ……。

それ以外にもフォーミュラカーを走らせている間にさまざまなことを経験し、そのたびにいろんな感情が芽生えました。今回は「フォーミュラカーはこんな動きをするんだ、こんな曲がり方をするのか」という基礎を学んだに過ぎませんが、初めてのフォーミュラカーのドライブは本当におもしろかったですし、最近ではもっとも楽しい時間でした。そして僕はあらためてレーシングドライバーのすごさを知りました。彼らはとてつもない生き物です。

佐藤琢磨選手を輩出した名門レーシングスクールを体験

これまでもレーシングカートでサーキットを走ったことはありますし、テレビ番組の企画で国内A級ライセンスを取得し、ジムカーナというスラローム競技に乗用車で参加したことはあります。ロータス・エリーゼという市販スポーツカーのレース仕様車でサーキット走行をさせてもらったこともありました。その時はコースアウトして、思いっきりサンドトラップにはまってしまいましたね(笑)。

『グランプリトクシュウ』の企画でレーシングシミュレーターを体験したこともありますが、F1マシンのようなフォーミュラカーでサーキットを走ったことは一度もありません。子どもの頃からずっとF1が好きでしたので、「もしチャンスがあれば……」と思っていましたが、実際にフォーミュラカーを運転するのは大変なことです。

まずフォーミュラカーは乗用車と同じ乗り物とはいえ、性格的には対極にあり、サーキットでなければ走れません。フォーミュラカーは英語では〝オープンホイール〟とか〝シングルシーター〟と呼ばれていますが、その言葉どおりに、タイヤがむきだしで、座席は1つしかありません。フォーミュラカーには屋根も窓ガラスもありませんので、特別のヘルメット、レーシングスーツ、グローブ、シューズで完全防備しなければならないのです。

マシンの安全性は確保されていますが、快適にドライブできる装備は最低限しかありません。その代わりに乗用車よりもはるかに軽くて、「走る、曲がる、止まる」の性能を追求した究極のクルマです。当然、フォーミュラカーのスピードや加速は乗用車とはまったく違いますし、ドライブするためにはさまざまな技術が必要とされます。

そこで今回、鈴鹿サーキットレーシングスクール・フォーミュラ(SRS－F)に特別に入校させていただき、入門用のフォーミュラカーの運転方法を学び、実際にドライブさせていただくことになりました。

ＳＲＳ－Ｆは世界で通用するドライバーを育成することを目的に設立された本格的なレーシングスクールです。僕が大好きだった日本人初のレギュラーＦ１ドライバー、中嶋悟さんが校長を務め、元Ｆ１ドライバーの佐藤琢磨さんをはじめ、国内外で活躍する数々のトップドライバーを輩出しています。いわばエリートドライバーの養成学校です。

鈴鹿サーキットさんのご協力でＳＲＳ－Ｆに参加できることが決まり、ワクワクする気持ちがあったのですが、ひとつ心配がありました。それはヒール＆トゥです。

現在のＦ１はセミオートマチックトランスミッションが搭載されていますので、ドライバーがヒール＆トゥを使うことはありませんが、入門用フォーミュラカーのようなマニュアルミッションが搭載されたクルマで速く走るためには欠かせない基本テクニックなのです。でも、これがすごく難しいのです。

ブレーキングの際に、右足でブレーキを踏んで減速→左足でクラッチを切る→右足のつま先でブレーキを踏んだまま、右足の側面（かかと）でアクセルをあおる→アクセルをあおると同時に右手でシフトダウン→左足でクラッチをつなぐ、という操作をしなければならないのです。

このようにヒール＆トゥを説明するだけでも何秒もかかりますが、この一連の動作をサーキットでは一瞬で行わなければなりません。実は、前に乗っていたポルシェでヒール＆トゥを試したことがありましたが、ちょっと危ない目にも遭いました（笑）。それ以来、ヒール＆トゥは避けていたんです。

「そんなこと絶対に無理！　自信がない」

前の晩には何度も弱気になってしまいましたが、憧れのフォーミュラカーに乗るためにはやるしかありません。それに前作『僕が1人のファンになる時』のなかでアライヘルメットさんとプーマさんにつくっていただいたヘルメットとレーシングスーツの実戦デビューにもなります。楽しみ半分、不安半分という気持ちでスクールが開催される鈴鹿サーキットの国際南コースに向かいました。

憧れの中嶋悟さんの息子さんに教えてもらった

ところがスクール当日はあいにくの雨。屋根のないフォーミュラカーをウエットコンディションでドライブするのは大変です。しかも路面は濡れて滑りやすくなっています。ドライの路面でさえフォーミュラカーの運転には繊細な操作が必要となりますが、ウエットではさらに注意が求められます。

「いきなりウエットはキツいなあ」とちょっとブルーになりましたが、ガレージに用意されたフォーミュラカーを見て、そんな気分も吹き飛びました。

ＳＲＳ－Ｆで僕がドライブしたのは入門用のフォーミュラ エンジョイ（ＦＥ）と、スクール用のオリジナルフォーミュラカーです。ＦＥはホンダの小型乗用車『フィット』と同型の１３００㏄のエンジンとトランスミッションが搭載されていますが、マシンの重量はフィットの半分以下なので、最高速も時速１７０㎞ぐらいになるといいます。

スクール用オリジナルフォーミュラカーは、Ｆ１にも通じる特性を備えたマシンです。ホンダの２２００㏄のエンジンを搭載し、トランスミッションはレーシングカーに使用されるドグクラッチ式を採用。Ｆ１への登竜門レースのひとつであるＦ３と遜色ない性能を持つマシンに乗ることができるのです。

しかも僕にドライビングを教えてくれるのは、ＳＲＳの主任講師で元全日本Ｆ３チャンピオンの佐藤浩二さんと、僕にとって憧れの存在である中嶋悟さんを父に持つ中嶋大祐選手です。現在、日本最高峰のスーパーフォーミュラとスーパーＧＴで活躍する中嶋大祐選手もじつはＳＲＳ－Ｆの卒業生なのです。

「さわやかなイケメン」の中嶋大祐選手は１９８９年生まれですので、ちょうど僕がＦ１を見始めた頃に生まれています。その時に僕が応援していた中嶋悟さんの息子さんにドライビングを教えていただけるなんて不思議な気分でした。

昔、雑誌の取材で中嶋悟さんと対談したことがあるのですが、その時には優しくＦ１について教えていただきました。中嶋大祐選手も初心者の僕にすごく丁寧に接してくれ、わかりやすくアドバイスをしてくれました。本当にありがたかったです。中嶋ファミリーには本当にお世話になっていますよね。でも中嶋悟さんの息子さんに運転を教えてもらうというのが、なんだか信じられませんでした。時の流れを感じましたね（笑）。

両手でお手玉をしながら足でリフティングをする⁉

最初に乗ったＦＥは市販車に近い感覚で運転できるので、スタートは意外に簡単にできました。でもピットロードからコースに入ると、雨で路面が濡れていたこともあり、とにかくツルツル滑ります。本当に恐ろしかったです。

ドライバーが冷えたタイヤでウエット路面を走った時によく「氷の上を走っているようだ」とコメントしていますが、まさにそんな感じでした。ちょっとでもラフにアクセルをふかしたりすると、マシンが横滑りしだします。クルマのなかで「ウワッ！　ヤバイ」という声を何度も上げていました（笑）。

そんな状況できちんとレーシングラインを走行し、ヒール＆トゥもこなさなければなりません。いろいろ考えることが多くて、最初はかなりビビっていました。でも走行を重ね、コースのレイアウトも把握し、どの程度タイヤがグリップし、どの程度のスピードでコーナーを曲がっていけるのかがわかってくると、走っていて楽しくなってきました。

ずっと苦手にしていたヒール&トゥがうまく決まると、すごくうれしいんです。でも最初に説明したように、一瞬の間に右足のつま先でブレーキをしながら左足でクラッチ操作をし、同時に右足の側面(かかと)でアクセルをあおりながら、右手でギヤ操作をしなければならないのです。まるで両手で片方ずつお手玉をしながら、足ではサッカーボールでリフティングしているようなものです(笑)。

すると、どうしてもシフト操作ばかりに気をとられてブレーキペダルを踏むタイミングが遅くなってしまったり、逆に早くなってしまったり、時にはペダルを踏む力が弱くなってしまうこともあります。アクセル操作も同じです。あおり過ぎたり、あおりが足りなかったり、バラバラなのです。

マシンの操作を誤って何度かコースアウトしそうになる場面もありましたが、失敗を繰り返すうちに、「今度はこうやってみよう、ああやってみよう」と自分なりに探りながら少しずつ攻められるようになってきました。マシンが滑るか滑らないかの限界のスピードでコーナーを回っている時はドキドキしますが、すごく楽しいですね。

短い時間の走行で自分ではかなり上達はしたと思っていたのですが、中嶋大祐選手と一緒にコースを走った時にプロとの違いを嫌というほど思い知らされました。その時は僕が前を走り、中嶋選手が後ろから僕の走りをチェックしてもらったのですが、こっちは必死になって攻めているのに中嶋選手は楽々と後ろについてきます。当たり前のことなのですが、あまりの違いを見せつけられて、ホント、ガッカリしましたね(笑)。

やっぱりレーシングドライバーは化け物です。僕は1人でコースを走っていても、ブレーキやアクセルを正確に操作することに四苦八苦しています。でも中嶋選手やF1ドライバーたちは、レースでは時速200km以上のスピードで走りながら、毎周すべてのコーナーで、正確にマシンを操作し、なおかつライバルとバトルを繰り広げているのですからね。あらためてレーシングドライバーのすごさを思い知らされました。

シミュレーターとリアルの世界は全然違う

鈴鹿でフォーミュラカーを走らせる前に、僕は『東京バーチャルサーキット(TVC)』でレーシングシミュレーターを体験しています(P10〜11参照)。シミュレーターはゲームではありません。テストが制限されている現代のF1では各チームが独自のシミュレーターを持っており、若手ドライバーの育成やトレーニングだけでなく、マシンの開発にも役立てています。

シミュレーターではそれほどリアルにコースやクルマの動きが再現されており、いまやF1チームには欠かせないものになっているのです。

シミュレーターでドライブをする時は現実と同様にレーシングシューズやグローブを着用する必要もありますし、プロのドライバーと同じようにステアリングやブレーキなどを操作しなければ、速いタイムを出すことはできません。

僕はTVCでF1直下のカテゴリー、GP2のマシンで鈴鹿サーキットを走ったのですが、最初はマシンをうまく操作できず、何度もスピンやコースアウトを経験しました。それでもシミュレーターのGP2は、F1同様にセミオートトマチックトランスミッションでしたので、ハンドルから手を離す必要もなかったですし、基本的にはアクセルとブレーキの操作に集中できました。ヒール&トゥは電子制御でやってくれたので、いまにして思えば楽でしたね。

とはいえ、GP2のマシンはパワーもありますので、運転は簡単ではありませんでした。僕がシミュレーターでもっとも苦労したのは、基本操作の曲がる、止まるの2つです。たとえばアクセルを開ける時はバンッと思いっきり踏むのは絶対にNGです。とくに低速ギヤでそんなアクセル操作をすると簡単にスピンしてしまうので、基本的にアクセルペダルはじんわりと踏むこと。ハンドル操作は必要最小限になるべくスムーズに切ること。逆にブレーキは最初にガンッと思いっきり強く踏んでから、徐々にブレーキを離していく……。

そういうことはシミュレーターを体験した時にもインストラクターの方から学びましたが、アドバイスを受けて、いきなりパッとできるほど甘くはなかったです（笑）。

レーシングシミュレーターはたしかにリアルな世界ですし、ドライビングの勉強になりました。ステアリングは重いですし、ブレーキも本物のフォーミュラカーと同様にペダルを思いっきり踏まないと利きません。巨大なスクリーンの前に置かれたフォーミュラカーのコクピットに座ってマシンをドライブしていると、後方から聞こえる疑似エンジン音、目の前を流れていくサーキットの景色も本物とそっくりでした。

でも鈴鹿で実際にクルマをドライブした時のフィーリングとは異なりました。やっぱりシミュレーターはクルマの動きを背中やお尻で感じることができませんので、変に身体に力が入ってしまうんです。だから走行が終わったあとで「なんか痛いなあ」と思ってハンドルを握っていた指を見たら、皮がむけてしまっていました。

フォーミュラカーを実際にドライブした時はそんなことはありませんでした。シートを通して全身でクルマの動きを感じることができますので、「これ以上、攻めたらスピンしますよ、コースアウトしますよ」というのがわかります。ブレーキングをしたら当然G（重力加速度）がかかりますし、荷重もフロントに移動します。それで荷重を乗せたままステアリングを切ると横に荷重が移動して、スロットルを開けると今度はリヤに荷重が移動していく……という一連の流れを身体で感じることができます。その違いはすごく大きいです。シミュレーターでは視覚とハンドルの感触だけで、それらの情報を感知しなければならないので、すごく疲れました。

シミュレーターのコクピットから降りた時の汗の量も半端じゃなかったです。僕はエアコンの効いている部屋で30周ぐらいドライブさせてもらったのですが、汗だくになりました。きっと身体で感じられないところを視覚や脳で必死に感じようとするので、疲労度も高いし、それであれだけ大量の汗をかいたのだと思います。

鈴鹿で体験させていただいたフォーミュラカーのドライブは、身体への負担はほとんどありませんでした。次の日に足の付け根とお尻が軽い筋肉痛になったぐらいです(笑)。それ以外は何ともありませんでした。ちょうど舞台が終わったばかりだったので身体が仕上がっていたこともありましたが、それほど疲れは感じませんでした。

シミュレーターはおもしろかったですが、やっぱり本物のフォーミュラカーを走らせるのはもっと楽しいです。FEでは周回を重ねるうちに、思いどおりにマシンを操っているという感覚がつかめてきて、すごく気持ち良くなってきました。心配していたヒール&トゥもコーナーによってはうまくできるようになってきました。

次に僕がドライブするのは、もっと速くてパワフルなスクール用オリジナルフォーミュラカーです! 市販車に近いFEとは異なり、本格的なフォーミュラカーの乗り味はどんなものなのか? すごく楽しみです。

堂本光一 F1からプライベートまで

100のQ&A 2

KOICHI DOMOTO 100 Questions & Answers Ⅱ

前回の単行本『僕が1人のファンになる時』の100の質問から、さらに100の質問を追加。F1関連の話はもちろんのこと、F1と自分を重ねて見えてくる堂本光一本人のことについてこれまでの連載の写真とともにお届けします！

Q1　前作の出版から３年間経ちましたが、すべてのレースを欠かさずチェックしている？
「もちろん！」

Q2　あらためて聞きますが、初めてＦ１を見たのはいつ？
「日本での放送が始まった頃ですから、1987年とか88年になります。中嶋悟さんが日本人初のレギュラードライバーとしてデビューした頃からです」

Q3　最近、誰かとＦ１話で盛り上がった？
「ないですね！　グランプリトクシュウの連載の取材の時だけだよ(笑)」

Q4　いまハマっていることは何？

「この質問はしょっちゅういろんなところで聞かれるのですが、子どもの頃からＦ１が好きなので、変わらないんです。僕はいろんなことに趣味を持つタイプじゃなくて、ひとつのことにずっとハマっていくタイプの人間です。他の雑誌のインタビューでは『Ｆ１以外に何かありますか？』と聞かれることがありますが、本当に失礼極まりないですよね（笑）。いまも昔も子どもの頃からＦ１です」

Q5　Ｆ１を観ていて、いちばん興奮するのはどんなタイミング？

「スタートですね。スタートはＦ１の醍醐味だと思います」

Q6　スマホの着信音は相変わらずＦ１のエンジン音？

「イエス」

Q7　スマホのカバーケースは？

「フェラーリのオフィシャルグッズです。プレゼントでいただいたものです」

Q8　この３年間でいちばん印象的なレースは？

「2012年の日本ＧＰかな。小林可夢偉選手が鈴鹿で３位に入り、表彰台に上がったレースです。前を走っていた選手がつぶれて、タナボタで３位になったのではなく、実力でつかみとった表彰台です。評価すべきレースだと思います」

Q9　この３年間でいちばんうれしかったニュースは？

「ホンダが（2015年からの）Ｆ１復帰を発表したことです。ホンダが2008年末にＦ１を撤退した時は、リーマン・ショックを契機とした経済不況の影響が大きかったと思いますが、もうＦ１に参戦することはないのかもしれないと感じていました。正直、ちょっとあきらめモードにも入っていましたね。だけどＦ１復帰の発表を聞いた時には『ホンダはチャレンジングスピリットを失っていなかった、いまも社内にちゃんと息づいているんだな』と思いました。同時にＦ１やモータースポーツのファンを裏切っていなかったんだなと感じました」

Q10　では、Ｆ１復帰を宣言したホンダにひとこと。

「１人のファンとしては、第四期のＦ１活動では『さすがホンダだな。復活してありがとう！』という成績を残してほしいですね。あと何か画期的な技術にチャレンジすることを期待しています」

Q11　マクラーレン以外でホンダ・エンジンを載せてほしいチームは？

「ロータスでしょう。いまのロータスはかつて中嶋悟さんが乗っていたチームとはもう中身が全然違いますが、ロータス・ホンダという言葉の響きはいいですよね」

KOICHI DOMOTO
100 Questions & Answers Ⅱ

僕はひとつのことにずっとハマるタイプです

Q12　いまのＦ１でいちばん楽しいことは何？

「Ｆ１は勝ち負けやレースの内容だけではなく、お金がらみの話題や政治的な出来事が大きなニュースになっています。でも僕はそういうことを含めてＦ１を楽しんでいます。ドライバーのコース上の戦いやチーム間の技術競争だけでなく、そういうことも含めてのＦ１だと思いますから」

Q13　いまのＦ１でいちばんダメな点は何？

「政治やお金の問題ですね。いいことと悪いことは、表裏一体なんですよね(笑)」

Q14　いまいちばん速いドライバーは誰だと思う？

「一発の速さで言えば、メルセデスのルイス・ハミルトンかな。いちばん強いと思うのは、フェラーリのフェルナンド・アロンソですね」

Q15　これまででいちばん速いドライバーは誰だったと思う？

「いろいろ候補はいますが、アイルトン・セナであってほしいと思います」

Q16　歴代ドライバーの中でいちばんルックスがいいと思うドライバーは？

「現役ではニコ・ロズベルグかキミ・ライコネンかな」

Q17　歴代ドライバーのなかで人間としていちばんカッコいいと思うドライバーは？

「セナですね。わがままなところ、やんちゃなところも含めて、人間らしさがありましたよね」

Q18　スタードライバーの条件とは？

「やっぱり、『この人ならなんとかしてくれるかもしれない』と思える人です。不利な状況、追い込まれた状況の時でもきちんと結果を出せる人だと思います」

Q19　「自分にとって別格の存在」と語るセナとシューマッハーの魅力は？

「セナはさっきも言った人間性がありますが、２人に共通しているのは、とにかく１位になることに対する執着心や、こだわりが尋常じゃないところです。『勝ちたい！』という自分の欲望をむきだしにして戦っていました。セナはマクラーレン・ホンダで戦っていた時代(1988年～92年)に、ホンダに対して『このエンジンはパワーがないよ』と言ってしまう。そんなこと現代のＦ１で口にしたら、チーム批判と受け取られ、周囲がみんな固まっちゃいますよ(笑)。でも、それだけ勝利に執着していたんですよね。ミハエル・シューマッハーもそうでした。2000年から04年まで、フェラーリで５連覇を達成した時代のミハエル・シューマッハーは『どんなことをしても勝つ』という、怖いぐらいのオーラを身にまとっていました。他のドライバーとはまったく異質の雰囲気でした。常に勝利を求め、ファンやチームにも常に勝利を求められるところまで到達した人は孤独だったと思います。でも、そういう次元で戦っていたからこそ、哀愁を帯びた表情になったりして、逆に人間を輝かせたりするんだと思います」

Q20　最高のナンバー１＆ナンバー２ドライバーの組み合わせは？

「マクラーレン時代のセナとゲルハルト・ベルガー（1990年～92年）かな。最近だと、フェラーリのシューマッハーとフェリペ・マッサ(2006年)のコンビも良かったですね」

こう見えてもじつは協調性の塊です（笑）

Q21　ドライバーを尊敬するのはどんな時？
「現在のＦ１は年間で19～20レースを戦っています。ドライバーは世界中を旅して、時差とも戦いながら、あの驚異的な性能のクルマを事もなげに走らせています。単純にそれだけですごいことですし、プロフェッショナルだと思います」

Q22　ドライバーに共感する瞬間は？
「Ｆ１は結果がすべての世界ですよね。そういうところに身を置いている部分です。自分自身も何かをリリースした時に“売れる、売れない”という評価を常に問われます。もちろん“売れる”ことは結果としてついてくる部分で、自分自身は『前の作品よりもいいものをつくろう』と思って仕事をしているわけです。でも、そこに“売れる”という結果がついてきたら最高の喜びになります。Ｆ１ドライバーだって、常に『これまでよりも速く』と思いながら走っているわけで、それで結果が出たら、うれしいはずですよね。そういうところは、やっぱりドライバーと同じだと思います」

Q23　芸能界で尊敬する人は？
「とくにこの人、という人はいません。尊敬する人はいっぱいいますので、それぞれの人のいいところを貪欲に自分に吸収したいと思っていますね」

Q24　Ｆ１ドライバーに必須の条件は何だと思う？
「健康な身体。どの職業にも言えることですけどね。健康じゃないと何もできませんから（笑）」

Q25　舞台人に必須の条件は何？
「もちろん健康な身体もありますが、Ｆ１ドライバーも舞台人も“タフであること”かもしれませんね。さっきも言ったように、Ｆ１ドライバーは世界中を旅しながらレースをしています。現地の水や料理を口にして『おなかを壊してしまった』とか『体調を崩してしまった』ということも時々ありますよね。それでもマシンに乗り込めば、彼らは全力で戦っています。シーズンを通して健康を維持していくのは大変なことです。舞台もそうです。毎日ステージがありますが、人間ですから体調がいい時も悪い時もあります。体調が悪い時でも、それをお客さんに感じさせないように表現していかなければなりません。そのためにはタフさは絶対に必要です。もうひとつ付け加えるとしたら、向上心かもしれません。ドライバーだって自分のドライビングを『これでいいのか？　もっと速く走れるかもしれない』と常に研究したり、探求したりする気持ちが大事だと思います。『もう、これでいいや』と満足してしまったら、進歩はなくなります。舞台でもそれは一緒だと思います」

Q26　音楽人に必須の条件は何？

「それも同じ。健康であり、精神力やタフさ。才能？　それは１割もないと思いますよ。100%努力するのは当たり前で、そこに１%上乗せして、101%にしていける人が上にいける人だと思っています。100%努力しても、この世界では花を咲かすことができない人はいっぱいいるんです。残りの１%、そこは才能だと思います」

Q27　自分の性格を３つの言葉で表現すると？

「まずは“オタク”かな（笑）。まあ、いい言葉で言えば、物事を突き詰めていくタイプということですが、オタクですね。あとは、みんなに大否定されるかもしれないけど（笑）、こう見えても意外と“協調性の塊”なんです（周囲が大爆笑）。やっぱり、みんな笑うよね（笑）。でも、あくまで最終的には、ですからね。途中いろいろあっても、最終的には協調します。あと一個は何かな……（しばし熟考）。“めんどくさがり”です」

Q28　最近、愛車のフェラーリの調子は？

「全然乗っていません。ボディカバーをかけたままです」

Q29　大好きなフェラーリを女性にたとえたらどんなタイプ？

「最近のフェラーリは街中でも楽に乗ることができるのですが、いざサーキットやワインディングロード（峠道）など、本来のポテンシャルを発揮できる場所に行っちゃうと、逆にドライバーは挑発されているように感じます。だから普段は大人しいんだけど、いざとなると挑発してくる女性ですかね（笑）」

Q30　３年前は電気自動車（ＥＶ）やハイブリッドカー（ＨＶ）には興味がないと言っていましたが、少しは気持ちが変わってきた？

「相変わらず、ないですね。でも先日、ＨＶのタクシーに乗ったんですが、静かすぎてビックリしました。まあ、昨今の環境に対する人々の意識の高まりを考慮すると、みんなＨＶやＥＶに興味を持つのは当然だと思いますよ。ホラッ、協調性があるでしょう（笑）」

Q31　Ｆ１でも2014年からレギュレーションが大きく変更され、エンジンが２．４ℓのＶ８から１．６ℓの直噴Ｖ６ターボとなります。従来のＫＥＲＳ（運動エネルギー回生システム）もさらに進化し、これまで以上に環境技術が導入されますが？

「Ｖ８エンジンの音を聞けなくなるのは寂しいですね。でも何度も言いますが、環境を重視するという世の中の流れを考えると、仕方ないと思います。それに昨年11月の東京モーターショーに展示されたホンダの次世代スポーツカー、ＮＳＸコンセプトを見せてもらったのですが、これがすごく良かったんです。2015年に発売予定の次期ＮＳＸはＶ６エンジンと３つのモーターを組み合わせたＨＶで、スポーツカーなのに燃費がいいのです。しかも開発担当者の方から『乗り物を操る楽しさを追求してクルマをつくっている』というお話を聞いて感銘を受けました。ＨＶというと、とにかくエコエコとだけ言っているのは寂しいなあと思っていました。でも次期ＮＳＸは速さや操る楽しさと、環境技術をちゃんと両立させていると聞きました。2014年からＦ１もエネルギー回生システムの出力の上限が60kWから120kWと倍増されますが、『それもまあ、悪いことではないのかな』と少し思い始めましたね（笑）」

Q32　自分の所有するクルマには何を求める？

「自己満足です。見た目のデザインだけ、パワーだけで選ぶとしたら、フェラーリじゃなくてもいいんですよね。もっと美しいクルマはあるし、パワフルなクルマもあります。フェラーリを手元に置いておきたいと思う最大の理由は、フェラーリの持つ精神性のようなものだと思います。やっぱり僕はＦ１が好きで、そのＦ１の歴史が始まった時（1950年）からずっと参戦しているという伝統ですよね。フェラーリを所有することで、そういうことに触れているような気がします。だから自己満足なんですよ」

Q33　教習所での免許取得は一発で合格した？

「すべて一発です！」

Q34　レース用のライセンスは持っている？

「テレビ番組で取ったのですが、国内のＡ級ライセンスを持っています。筑波サーキットのレースで取得しました。そのあと市販車を使って行われるジムカーナという競技に出場しました。舗装路面で行われるスラローム競技ですね。その時に使ったクルマは５万円の中古のトヨタ・ソアラです。番組の予算が５万円しかなくて、中古車屋さんで購入しました。その時は土屋圭市さん（元レーシングドライバーでドリフトキングの異名をとる）に面倒を見てもらいました」

Q35　ドライブ中の最大のトラブルや失敗談は？

「これはフェラーリじゃないクルマに乗っていた時のことなのですが、昼間に交差点で右折しようと思って、右折レーンに入ったら、ドンッという大きな音がして、エンジンがストップしてしまったんです。その後は何をやってもエンジンがかからない。もう最悪でした。それで慌ててディーラーに電話して、状況を説明したら、『エンジンのコンピュータが誤作動を起こしていますね』って言われました。『じゃあ、どうすればいいの？』って聞いたら、『それは困りましたね』って。だから困っているから電話したんだって（笑）。まあラッキーなことに、信号が２～３回変わる間にエンジンが再始動しました。後ろからもクルマが来なかったので助かりましたけど、あの時は本当に焦りました」

とにかく子どもの頃はいろんなものを分解していた

Q36 自分の持ち物に求めるものは機能性？　それともデザイン？

「ものによりますね。もちろんデザインがいいにこしたことはないですよね。冷蔵庫とかの家電も家のインテリアとして重要なので、デザインは大事ですよね。でもたとえばグラスやマグカップなどは器なので何でもいいです。パソコンは音楽の仕事をするうえではMacのほうが便利なのでMacを使っています。テレビでもデザインはカッコいいけど、映像が良くなかったら、やっぱり欲しくないですね。だから基本的には機能重視かな」

Q37 自分の持ち物やクルマは純正派、それともカスタマイズ派？

「基本的に純正派。クルマだと、フェラーリはカスタマイズすると、もっといやらしくなるし、エグくなりますので、いじりません」

Q38 自動車以外に操縦してみたい乗り物はある？

「操縦しなくてもいいので、戦闘機はぜひ乗ってみたいですね。ボートは一級小型船舶の免許を持っています」

Q39 子どもの頃は数学や理科などの理系教科が得意だった？

「そうですね。理科がいちばん得意でした」

Q40 メカ好きになる最初のきっかけは？

「とにかく子どもの頃はいろんなものを分解していましたね。分解マニアの子どもでした。時計とかいろいろやりました。で、元に戻せなくて、親に怒られて、泣いていたという(笑)」

Q41 時間があったら、大学の工学部でＦ１の技術に関係がある空気力学、航空工学、機械工学などを学んでみたい？

「いや、そこまで専門的にやらなくてもいいです。うわべだけでいいんです。そこがおもしろいんです(笑)」

Q42 自分がレーサーだとしたら、勝つためには反則すれすれのことをする？　それとも、あくまで紳士的に戦う？

「場合によりけりですね。ずっと紳士的にやるわけではないと思います。勝負どころで向こうが汚いことをしてきたら、『コノヤロー！』ってやり返しますよ。でも自分からエグい幅寄せなんかはしないと思います」

Q43 もし、いまセナに会えるなら、何を聞きたい？

「いまのＦ１をどう思う、ですね」

Q44 同じくフェラーリの創始者エンツォ・フェラーリに会えたら、何を聞きたい？

「フェラーリが2013年に発表したハイブリッドカーのラ・フェラーリ（世界で499台の限定販売で、価格は１億5000万円以上と言われている)。それを１台ちょうだい、かな(笑)。あれはカッコいいですよね。欲しいなあ」

Q45 「自分に性格が似ているな」と思うドライバーはいる？

「誰だろうなあ……キミ・ライコネンかな。誰かから質問されなければ、自分のことを言いたがらないところが自分と似ているかもしれません」

自分がバカをやることで、相手がいろいろ話してくれる

Q46 逆に「コイツとは気が合わないかも」と感じるドライバーは？
「ジャック・ヴィルヌーヴ（1997年のＦ１チャンピオンで現在テレビ解説者。歯に衣着せぬ発言で有名）。なんか面倒くさいタイプかなって（笑）。他人のことをいろいろと批判するなら、自分のことをもっと見つめてから発言してほしいと思います」

Q47 無口なライコネンを番組のゲストに招いたら、どうやって話を引き出す？
「まず英語を喋れないからなあ……。基本的にどのＦ１ドライバーとも話したくないんです、緊張するから（笑）。自分の番組にゲストとして招くなら、いつもどおりにやります。自分がバカをやることによって、相手の気持ちがくだけて、いろいろ話してくれます。それが僕のやり方ですから、そのスタイルでやりますね」

Q48 チームの代表や監督でいちばん「すごいなあ！」と思うのは誰？
「誰だろうなあ……。Ｆ１初の女性チーム代表を務めているザウバーのモニシャ・カルテンボーンかな（笑）。それは冗談ですが、ちょっと前までは、Ｆ１には何から何まで自分で取り仕切っていた独裁者のようなチーム代表が何人もいました。元ベネトンのフラビオ・ブリアトーレのようなタイプです。でも、彼らのようなタイプがほとんど消えてしまって、みんな企業の雇われ社長のようなタイプばかりになってしまいました。そこは何か寂しく感じますね。そういった意味では、最後の古いタイプのオーナー、フランク・ウィリアムズはすごいですよね」

Q49　チームウエアでいちばんセンスがいいと思うのは？
「あんまりウエアとかは興味ないんです。まじまじと見たことないですから。それにチームウエアは結局、スポンサーカラーだし……。そんな中でもマクラーレンはカッコいいですよね」

Q50　レースに華を添えるレースクイーンをどう思う？
「いいんじゃないですか（笑）。正直、そっちには目がいってないので」

Q51　史上もっとも美しくないのはどの時代のマシンデザイン？
「美しくない時代はいっぱいありますよ。最近では、やっぱり多くのチームがステップド(段差付き)のノーズを採用した2012年も印象的ですが、2014年はもっとひどい。」

Q52　この３年間でいちばん印象的なマシンは？
「マクラーレンの2011年モデルＭＰ４-26。サイドポンツーンがＬ字型の形状をしているんですよね。そこはあんまり好きじゃないのですが、全体のバランスがいいし、カラーリングもまとまっているんです。2012年もステップドノーズを採用しない、唯一のトップチームでした。これまでもマクラーレンはカッコ悪いというマシンはないですよね。常にある一定のクオリティを保っていると思います」

Q53　この３年間でいちばんカッコ悪いマシンは？
「下位チームはお金がないから開発できないのでカッコ悪いのは仕方ない部分もありますが、なかでもいちばんは2012年のマルシャＭＲ01ですね。サイドポンツーンのデザイン処理など、これはないですよね(笑)。とりあえずトレンドに乗って、他のチームのコピーだけはしていますが、細かいところを見ていると、素人の僕が見ても『これでいいのかなあ？』と疑問に感じるところがたくさんあります。2014年のケータハムとフォースインディアも。この2台のフロントノーズは別の物にしか見えませんよね(笑)」

Q54　2010年から４連覇を続けるセバスチャン・ベッテルと2000年から５連覇したミハエル・シューマッハー。どちらの時代がおもしろかった？
「正直比べられませんが、強いて言えば、シューマッハー時代のほうがおもしろかったかな。当時は、マシン、エンジン、タイヤの開発競争がありましたからね」

Q55　セナとシューマッハーに比べて、ベッテルに足りないものは？
「４年連続でチャンピオンに輝いているベッテルはすごいドライバーだと思います。その点に疑問の余地はないと思いますが、あまりにあっさりとチャンピオンになってしまっている、という印象があります。レッドブルのマシンが良すぎるんですよね。ベッテルに勝てないクルマを与えて、逆境の時にどんな走りをするのか。そこは見たいですね」

Q56　最近のＦ１で「いいなあ」と思った瞬間は？

「2013年シーズン最終戦のブラジルＧＰの表彰台です。このレース限りで引退するマーク・ウエバーが２位に入り、表彰台ではしゃぎすぎてズッコケていました。ああいうのは大好きです。かわいいですよね（笑）。このレースを最後にフェラーリを離れるマッサがスターティンググリッドにつくためにピットアウトする時、チームのみんなが拍手で送り出していたのもいいシーンでした。最近のＦ１はあまり人間味を感じられる光景を見ることがないので、ウエバーやマッサの姿を見ると、Ｆ１は人間がやっているスポーツだなと感じられて、なんかうれしかったです」

Q57　最近、「俺ってスゴイなあ」と思ったことは？

「うーん……とくにないですね。そんなふうに思ったことはありませんよ」

Q58　最近、緊張した瞬間は？

「この本の企画でフォーミュラカーを鈴鹿でドライブした時かな」

Q59　レーシングドライバーにはレース中に決まったパンツを履く、右側からクツを履くなど、いろいろなゲン担ぎがありますが、ステージの前のゲン担ぎや決まりごとはありますか？

「ゲン担ぎというほどではないですが、クツは右側から履くようにしています。そうじゃないと気持ち悪いですね」

Q60　自分の好きなチームやドライバーが勝つためにゲン担ぎとかする？

「とくにしないですね」

Q61　ステージ前に必ず食べる物はある？

「これもとくに決まっている物はないですね。でも舞台中は食が細くなってしまうので、何でもいいから胃の中に入れておかないと持たないので、とにかく食べるようにしています」

Q62　ジャニーズをＦ１チームにたとえるとどのチーム？

「これは難しいですね……。何となくマクラーレンっぽいような気もするけど、イギリスのウィリアムズかな。長い伝統があって、いろんなスターを輩出しているという点が重なっていると思いますね」

Q63　ジャニーズのメンバーを歴代のチャンピオンドライバーにたとえると？

「エッー……誰だろうなあ（しばし熟考）。シューマッハーは錦織（一清）さんかな。天才すぎて誰も手が届かない。本当に実力もあるし、ニッキさんは僕のなかでは神様のような存在です。セナっぽい人はいませんね」

Q64　2013年限りでフェラーリに7シーズン在籍したフェリペ・マッサがチームを離れましたが、やっぱり寂しい？

「2014年のフェラーリはアロンソとライコネンというチャンピオン経験者がコンビを組み、マッサはウィリアムズに移籍します。でもみんなマッサのすごさを知ることになるかもしれませんよ。僕がちょっと心配しているのは、野球でも４番バッターを集めても強くならないと言うじゃないですか。フェラーリも強いドライバーを２人そろえたのはいいけれど、それによって内紛が起こるかもしれません。そうなって、『マッサはチームのためによく我慢していたんだな。偉いなあ』ってなるかもしれませんよね(笑)。まあ、どうなるのか、楽しみです。マッサもフェラーリの重圧から解放されて、ウィリアムズで自由にのびのびと戦って、いい成績を残すかもしれません。彼はいいドライバーだし、新天地でどんな走りをしてくれるのか。楽しみにしています」

Q65　2013年限りでレッドブルのマーク・ウエバー（1976年生まれ）がＦ１を引退し、堂本さんより年上のドライバーは１人もいなくなってしまったけど……。

「エー、全員年下なの!!　アロンソ（1981年生まれ）は年上じゃないの!?　マジかよ（笑）。本当に！　本当に！　ファー、みんな年下になっちゃった。今すごくガックリきました。だって、いまだに高校野球を見て、『みんな俺より年下なんだ』って不思議に思うことがあるんです。いまだに、ですよ(笑)。Ｆ１もそうなっちゃったんだ……。かなりビックリしました。恐ろしいなあ。今度、ルーベンス・バリチェロ(1972年生まれ。Ｆ１史上最多出場記録322戦を持つドライバーで、2011年限りでＦ１を引退)が戻ってこないかなあ(笑)」

KOICHI DOMOTO
100 Questions & Answers Ⅱ

F1は人間がやってるスポーツだなと感じられてうれしかった

もし生まれ変わるのなら、喜んでいまの自分でいい

Q66　若いドライバーを見て、どんなふうに感じる？
「僕はその世界に身を置いていないのでわかりませんが、ファン目線で言えば、時代にちゃんと身を置いていて、いい子ばっかりだと思います。昔のやんちゃな雰囲気のドライバーはもういませんよね。ドライバーはチームの一員であるということが徹底されています。まあ、それは仕方がないことだと思います。そういう時代ですからね」

Q67　どんなタイプの子どもだった？
「何でも限界を試してみたくなるタイプではありました。たとえば自転車に乗って坂道で何秒目を閉じてられるかとか（笑）。そういう小さなことから始まって、いろんなことにトライする子どもでしたね」

Q68　１人で黙々やる、みんなでワイワイやる、どっちが性に合っている？
「仕事は１人でできないので、１人で黙々とやることは結果的にみんなとやることにつながっているわけですよね。だから、僕の仕事に関してはどっちかと選べないと思います。どっちも必要だと思います。プライベートでも両方がいいですね」

Q69　計画を立てて締め切り前に終わるタイプ？　締め切りが近くなって燃えるタイプ？
「後者ですね」

Q70　やる前にしっかりと考えてから行動するタイプ？　やってから考えるタイプ？
「準備万端とはいかないけど、いちおう考えてみる。考えたうえで『結果的にやってみないとわからないでしょう』という感じですね」

Q71　生まれ変わったらやっぱりエンターテイメントの世界に入る？　それともレーシングドライバーになってみる？
「Ｆ１ドライバーをやれるんだったら、ドライバーをやってみたい。でも何度も言っていますが、Ｆ１は自分と無縁の世界だと思っています。遠くの存在だと思っているので、見ていて楽しいんですよね。もし生まれ変わるのなら、喜んでいまの自分でいいです。でもＦ１とエンターテイメントのどっちもやってみたいですね（笑）」

Q72　走ってみたいサーキットは？
「自分のクルマでがんばって攻めてみたいのは、やっぱり鈴鹿ですね。ベルギーのスパ·フランコルシャンもいいですが、あそこは2005年に完全プライベートでＦ１観戦に行った時にスクーターで走ったことがあるんで（笑）」

Q73　鈴鹿で開催された日本ＧＰのベストレースは？
「いろんなドラマがありすぎてなかなかひとつに決められませんが、あえて選ぶなら、1991年のレースですね。中嶋悟さんは僕をＦ１に導いてくれた大きな存在です。その中嶋さんの母国での引退レースは、マシントラブルでクラッシュしリタイアに終わってしまったのですが、Ｓ字でマシンを降りた中嶋さんがスタンドに詰めかけた大勢の観客に手を振りながらコースを歩いていく姿は、今でも鮮明に覚えています」

Q74　Ｆ１観戦の目的以外に旅行してみたい国は？
「とくにありません」

Q75 新たに開催してほしい国やコースはある?
「ニューヨークかな。市街地コースはおもしろいけど、あんなにガタガタの道をどうするんだろうなあ……。マンホールから湯気も出ているので、危ないかな(笑)」

Q76 F1ドライバーはトライアスロン、サイクリング、スキーや登山などのトレーニングをしていますが、普段はどんなトレーニングをしていますか?
「家でできることは家でやるという方針ですね。できないことはジムでやります」

Q77 肉体をキープするために日頃から気をつけていることは?
「とくにないです。いつでも舞台に立てる身体にしていることですね」

Q78 何にも予定がないオフ、どうする?
「幸せだなあって思います(笑)。予定がないって、幸せですよね」

Q79 好きな食べ物は?
「わからないというか、何でもいいですね。食にはあまり興味がないんです。もちろん美味しいものを食べたら幸せだと思いますが、執着はないんです」

Q80 では、地球が明日滅亡するとしたら、何を食べる。
「明日で終わるんだったら何も食べません。食べる必要はないですから。だったら何か楽しいことをします」

Q81 自分で料理をつくる?
「料理と言えるような本格的な料理はしません。米を研ぐぐらいはしますよ。食べないと死んじゃうので、そのためにやるだけです。でもパスタはトマトベースのソースをホールトマトからつくれますよ。玉ねぎをみじん切りして、炒めて、それにホールトマトを入れて、ちょっと塩を入れて……といっても、そこまで本格的に料理するのは年に2回ぐらいですね(笑)」

Q82 お酒は飲めるほう?
「結構何でもいけますし、朝まで飲むこともあります。時にはそんな日もありますね(笑)」

Q83 “無冠の帝王”と呼ばれた伝説のＦ１ドライバー、スターリング・モスの名言。「男には下手と言われたくないことが２つある。１つはクルマの運転、もう１つはメイク・ラブだ」。これってどう思う？

「すばらしい！　そのとおりですね（笑）。単純に運転がうまいほうがいいと思うんだけど、若い人たちは、そういう感覚は本当に薄れていますよね。なんだかな〜って感じですよね(笑)」

Q84 Ｆ１マシンの名前はいろいろな由来があります。レッドブルはRed Bullの頭文字をとってＲＢ、メルセデスはドイツ語のクルマを意味するWagenの頭文字からＷ、ウィリアムズはチームオーナーのフランク・ウィリアムズの頭文字をとってＦＷと名づけています。自分がチームオーナーなら、Ｆ1マシンにどんな名前をつける？

「ＫＤ01、ＫＤ02かな。普通ですけどね(笑)」

Q85 Ｆ１中継を観る際の必需品は？

「Ｆ１の公式アプリかな。ライブタイミングをチェックしながらテレビを見ています」

Q86 Ｆ１やレースのドライビングゲームはしますか？

「時々しますね」

Q87 好きなヘルメットのデザインは？

「ミハエル・シューマッハーがフェラーリに乗っていた時のデザインは良かったと思います。ヘルメットの後ろにフェラーリの跳ね馬のマークが付いていて、クルマとドライバーの一体感がありましたね。あのヘルメットを見ると、フェラーリのドライバーだなって感じがしますし、『ああ、カリスマ的な存在だな！』って思いましたね。最近はレースごとにいろいろデザインを変えていますよね。あれがあんまり好きじゃないです。ヘルメットはドライバーの顔みたいなものです。あまりコロコロ変えると、誰が誰だかわからなくなってしまいます」

Q88 Ｆ１解説者、やってみたい？

「解説者の横で聞いてみたいですね(笑)」

Q89 ニキ・ラウダとジェームス・ハントによる1976年のチャンピオン争いを描いた映画『ラッシュ／プライドと友情』でハント役を演じましたが、性格的にはどっちに似ている？

「ハントのようなプレイボーイじゃないですよね(笑)。性格的にはどちらかと言えば、ニキ・ラウダに近いと思います」

Q90 好きな映画は？

「映画や舞台は重たいものを見るのが好きなんです。『うわー、苦しい』とか『悲しいなあ』という作品ですね。たとえば『レ・ミセラブル』はまだ救いがあるけど、『ミス・サイゴン』のエンディングは本当に救いがないですからね。最初に見た時には『これで終わるの？　なんて悲しいストーリーをつくるんだ』と思いました。でも最近はそういう悲しい作品を見て、泣いたりするのが流行っているらしいですね。僕は泣いたりはしませんよ。心の奥底で泣いています(笑)」

Q91　今後、日本人のチャンピオンが誕生する可能性はあると思いますか？
「現状では厳しいと思います。ドライバーを囲む環境が決していいとは言えませんからね」

Q92　これからの日本人ドライバーに期待することは？
「やっぱり上位チームに乗ることですよね。それが実現できれば、優勝だって、チャンピオンだって見えてくると思います。何にせよ、経済状況がもっと良くなってくれて、日本人ドライバーをもっと後押しする環境が生まれてこないと、難しいですよね」

Q93　今後日本チームが誕生する可能性はあると思いますか？
「これも日本人ドライバー誕生と同様の理由で厳しいと思います」

Q94　今後参戦してほしい自動車メーカーはある？
「ポルシェかな。でも最近のポルシェはスポーツカーメーカーじゃないもんなぁ……。カイエンのようなＳＵＶ（スポーツ・ユーティリティ・ビークル）をラインナップするようになってしまいました。でもフェラーリは『うちはあんなことはしない！』と言い切っています。さすがフェラーリと思いました（笑）」

Q95　女性Ｆ１ドライバーは誕生する？
「女性はアスリートとしてもいろんなところで活躍できる世の中になっていますが、Ｆ１は難しいのかもしれません。やっぱり、かなりの筋力が必要ですからね。前にレーシングチームも実際に使用しているというシミュレーターを体験した時に、ブレーキングで思いっきりペダルを踏んでいたのに、インストラクターの方から『まだ踏む力が弱い』と言われていました。『なんだコレッ？　マジか!?』って思いましたもの。もちろん女性でも鍛えればいいと思いますが、僕だって結構鍛えているほうだと思います。それでも足りないって言われるので……そう考えると、相当な努力があれば不可能じゃないと思いますが、かなり難しいでしょうね」

Q96　最近のＦ１のメディアでの取り上げ方についてどう思う？
「地上波がないのは残念ですよね。Ｆ１はおもしろいのに他の人と共感できないというか、共感できる場所がない。それがツラいですよね」

KOICHI DOMOTO
100 Questions & Answers Ⅱ

F1はおもしろいのに共感できる場所がない

Q97 2014年のサッカーのワールドカップ（W杯）ブラジル大会や2020年の東京オリンピックに興味はある？

「特別に興味があるというわけではないですが、自然とテレビや雑誌で目にしますよね。東京オリンピックの開催が決まりましたが、意外と海外で開催された時のほうがテレビ中継を観ることができるんですよね。日本時間で昼に競技をしていても、仕事柄なかなか観ることができませんから。Ｆ１でもそうですが、海外でレースをやっていると、ちょうど日本の夜中にライブで観ることができますからね(笑)。サッカーの日本代表の試合もテレビで観ないことはないですよ。でも僕のなかでサッカーは1990年代で止まっているんです。アルシンド(・サルトーリ。1990年代に鹿島アントラーズやヴェルディ川崎などで活躍)とかシジマール(・アントニオ・マルチンス。同じく90年代に清水エスパルスで活躍) の時代です (笑)。そこでストップしています。サッカーもじっくり観たらおもしろいと思います。サッカーゲームはおもしろいですから (笑)。でも僕の好きなスポーツは、どんどん地上波でやらなくなってしまうんですよね。総合格闘技も好きでしたが、テレビ放映はなくなってしまいましたし、プロ野球もほぼＢＳ放送ですものね。やっぱマイナー志向なのかな(笑)」

Q98 2013年も鈴鹿でＦ１をライブ観戦して感じたことは？

「日本人ドライバーやチーム、エンジンやタイヤのメーカーも出場していないのに、あんなにお客さんが入ったってことはすごいと単純に思いました。本当に毎回鈴鹿に行って思うことは『エッ！日本にはこんなにＦ１ファンがいるの？』という驚きです(笑)。『みんな普段はどこにいるんだ』って本当に不思議でしょうがない。だって僕の周りでは、Ｆ１を観ていると言う人に滅多に会いませんから(笑)」

Q99 「こんなルールがあれば、Ｆ１がもっとおもしろくなるのに」というアイデアがある？

「何度も言っていますが、予選もポイント制を導入すべきだと思います。タイヤがピレリに変更されたあと、タイヤをセーブするために予選の最終セッションＱ３でタイムアタックをしないというケースが目立ちますが、それは本来ダメですよね。ファン目線で言えば、いまの予選はつまらない。現状では、ポールポジションは３点、２位は２点、３位１点、それぐらいの価値はあると思います。少なくとも上位の３人にポイントを与えるようなシステムを導入しないと、積極的にポールポジションを狙わないと思います」

Q100 あなたにとってＦ１とは？

「前回はシナリオのない究極のエンターテイメントと答えていますが、それと同じじゃつまらないですよね(笑)。でも自分がドライバーをやってみたいとかそういうことじゃなく、何度も言いますが、僕にとってＦ１は夢の世界なんです。それはなぜかというと、ドライバーもエンジンもマシンも、あらゆるものが究極だからです。この仕事をしていると、芸能人としていろいろなおもしろい体験ができますが、究極の性能を持ったＦ１マシンを走らせることはできません。Ｆ１のサーキットでは、僕はファンとして見ているしかないんです。自分の世界とはまったく別次元にあるエンターテイメントだから楽しいってことなんだと思います」

第四章

憧れのフォーミュラカー体験　後編

ドライバーがクルマと一体化する心地良さ

市販車に近い感覚で運転できる入門用のフォーミュラ エンジョイ（ＦＥ）を体験したあと、いよいよスクール用オリジナルフォーミュラカーに乗り込みました。このフォーミュラカーはＦ１にも通じる特性を備えており、明らかに速そうな雰囲気を漂わせていました。

エンジンのパワーもＦＥよりもはるかにありますし、トランスミッションもレース専用の仕様になっています。タイヤもＦ１と同じく溝のないスリックで、高いダウンフォース（空気の流れでマシンを下向きに抑える力）を発生させる、本格的なフォーミュラカーです。ドライビングポジションも現代のＦ１と同じで、ほぼ寝ころんだような形で座り、足はお尻よりも上に来ます。コクピットからはタイヤの上の部分が少し見えるぐらいで、前はほとんど見えません。

スクール用のフォーミュラカーでは、ドライブ前のシート合わせには入念に時間をかけました。いろんなタイプのシートを試し、身体にピタッとハマるようなものを選んでいきます。Ｆ１ドライバーは自分が満足いくまでシーズン中に何度もシートをつくり直すことがあると聞きますが、フォーミュラカーを運転する時にはそれほどシートづくりが重要になるのです。というのも、スクール用のフォーミュラカーは速度も加速もＦＥよりはるかに高く、身体に大きな力がかかります。シートと身体に隙間があれば、大きな力がかかるブレーキング時などで身体が動いてしまい、正確なマシン操作ができません。

またシートと身体を密着させてクルマとの接点を多くすることで、ドライバーは身体全体で「これ以上、攻めたらスピンしますよ。コースアウトしますよ」という情報を感じることができるのです。でも身体とシートに隙間があれば、その情報を感じるセンサーが鈍ってしまいます。走る、曲がる、止まるという性能を究極まで突き詰められたフォーミュラカーをドライブする時には、自分のセンサーの感度が鈍り、一瞬の判断の遅れが命取りになります。だからドライバーはシート合わせに関してシビアになるのです。

FEとスクール用のフォーミュラカーではコクピットに座った時の雰囲気がまったく違いました。身体がピタッとハマるシートに座り、ハーネス(シートベルト)で身体をガチガチに固定されると、まるで自分がクルマのひとつのパーツになるという感覚がありました。普通の乗用車のように自分がクルマに乗るという感覚ではありません。クルマと一体化したようなイメージです。それは決して嫌な気持ちではありません。心地いいし、気持ちが高ぶってきます。

「さあ、やるぞ!」と気合が入ったのはいいのですが、スクール用オリジナルフォーミュラカーの運転は簡単ではありませんでした。オリジナルフォーミュラに採用されるドグクラッチ式ミッションはクラッチミートのポイントがすごくシビアなので、スタートも一苦労です。お約束どおりに、クラッチをうまくつなげずにエンストしてしまいましたね(笑)。

ドライビングに自分の性格が表れる⁉

コースで走り始めてからも、シフト操作がなかなかうまくいきません。佐藤主任講師からは「ドグミッションは、エンジンの回転数が合っていればシフトアップの時には基本的にクラッチを使わなくてもスパスパと自然にギヤが入る」と言われたのですが、これがなかなか……。エンジンの回転数をうまく合わせることができず、バゴーンと叩きこむような感じで操作しないとギヤが入っていきませんでした。おかげで手首がかなり痛かったです。

ハンドルも重く、タイヤのフィーリングもかなり違いました。FEの溝付きラジアルタイヤはグリップの限界域に近づくと、「これ以上のスピードで走るとマシンが横滑りし始めますよ」というインフォメーションがあるのです。ところがスリックタイヤは、グリップ性能は高いのですが、すごくピーキー（神経質）なのです。限界域までは安定してグリップするのですが、ある一線を越えると突然グリップを失い、ドンッと急にマシンがスライドしていきます。おかげでコクピットのなかで何度も「ビクッ！」としました(笑)。

加速感もFEとはまったく違いました。とくにコーナーを立ち上がってからの加速感は比較になりません。マシンは軽いし、エンジンの高回転域まで回してもトルクが強いので、どこまでもスピードが上がっていくような感覚に陥ります。「前に行こう、前に行こう」という力強さは、４３００ccのエンジンが搭載された僕のフェラーリさえも上回ります。

だからストレートから1コーナーに入っていく時に「もっと加速していける、もっとスピード出せる」と思う半面、「ここでブレーキングしないと怖いし危ないよ」という対話が心のなかで常にありました。

「もうちょっと行けるだろう」と思って突っ込んだら、コース外に飛び出し、芝生の上をドドドドッと走ってストップ。まさに芝刈り機状態になってしまい、レッカー移動されることに……。それにしてもサーキットでレッカーされる時には、ドライバーはあんなに情けない気持ちになるとは思ってもいませんでした（笑）。本当に惨めです。

でもマシンをドライブしている時に怖さは感じませんでした。かなりスピードが出ている時やマシンが横滑りしかけた時は「怖い」という感情が瞬間的に頭をよぎりますが、「怖いけど、ギリギリでイケるかもしれない」と思ってトライしていくのが楽しかったです。

「こうやったら、うまくコーナーを回れるかもしれない。こうやったらもっとヒール＆トゥをうまくできるかもしれない」と自分のなかで探って、トライして、うまくいった時の気持ちよさのほうが恐怖感よりも強かったです。

自分の限界を超えてしまってスピンやコースアウトした時は、怖いというより、メカニックやスタッフの方に申し訳ないという気持ちになります。だから、その原因を自分なりに探って、

「あれだけ早くアクセルを開けたら、これだけラインがはらんでしまうのか。だったら今度はこうしてみよう」と次につなげていこうという意識になりますね。

でもスピンするかしないかの限界ギリギリのところまで持っていかないと、限界を知ることができません。限界を知ることで、「こうやっちゃダメなんだ」と学ぶことができると思います。それが学べないと、いつまでたってもうまく走れませんよね。

クルマの運転には性格が出るといいますが、少しでも速く走るためにいろいろトライしてみるというのは、僕の気質かもしれません。「こうしたらタイムを縮められる」「こうしたらもっといいんじゃないか」と追求していく。そういうところはあると思います。僕は何事に対しても追い込みたくなる、追求したくなるというタイプですからね(笑)。

想像よりもはるかに難しかった

マシンを走らせている時は無心ではありません。いろんなことをいっぱい考えています。「アクセル全開にして、ブレーキ踏んで、クラッチも踏んで、シフトをダウンして、アクセルをあおって、クラッチをつないで、ハンドルを切って、曲がって、アクセルを踏んで、シフトアップして、またコーナーが来たのでヒール&トゥが来るよって……」

こんなふうに数秒の間に次から次へといろんなことをしなければなりません。それが走っている間ずっと続くのです。その状況を説明しているだけで汗をかきます(笑)。ドライバーは次から次へと来る要求に対応しながらも「今度はもうちょっと突っ込んでみようかな」とか「アクセルをもう少し早めに開けてみようかな」と、いろんなことを自分のなかで考えてトライしていかなければなりません。

僕はまだマシンの操作がスムーズにできないのでいろいろと頭で考えてしまいますが、きっとレーシングドライバーはあまり考えていないのかもしれないですね。おそらく身体が勝手に反応しているのだと思います。

踊りも振り付けを覚えたての頃は「次にこの振りをして、次はこれ……」とどうしても頭で考えてしまいます。でもうまくできるようになってくれば、身体が勝手に反応していく。それとおそらく一緒だと思います。だから僕はまだまだなんです。

それでも講師を務めてくれた中嶋大祐選手や佐藤主任講師の的確なアドバイスのおかげで、随分、上達したと思います。最初はおっかなびっくりマシンに乗り込み、スタートもまともにできませんでしたが、何度もトライと失敗を重ね、レッカー移動までされましたが(笑)、50周以上も走り込み、最終的には乗り始めから14秒もタイムアップすることができました。

単純に走ることが楽しいし、いろいろなテクニックができるようになっていく過程がタイムでわかるのはうれしかったです。目に見えて結果が出るのはやっぱり楽しいですね。

これまでの僕はＦ１が好きで、単純にファンとしてチームの歴史だったり、ドライバーのプロフィールだったり、ルールだったり、サーキットの特性であったり、レースを観戦するための情報や知識はありました。マシンのメカニズムやテクノロジーに関する知識もそれなりにありましたが、「フォーミュラカーをドライブして、タイムや順位を争うことはどれだけすごいことなのか？」という点に関しては、未知の世界でした。

今回、鈴鹿サーキットでフォーミュラカーを実際にドライブすれば、その答えが少しは見えてくると思っていたのですが、結論を言えば、「わからなかった」ということになります。入門用のフォーミュラカーですら、あれだけ高度なテクニックを要求される、僕にとっては想像をはるかに超えた世界でした。だから、「モータースポーツの最高峰に君臨するＦ１はどれだけ異次元なんだ⁉」と逆にわからなくなってしまったんです（笑）。とてもじゃないですが、自分がＦ１マシンを動かす姿なんてイメージできません。

フォーミュラカーの運転は僕が想像していたよりもはるかに難しかったです。コクピットの中でやる仕事はとにかく多いですし、すべての操作に正確さと繊細さが求められます。

これまで僕は１人のファンとしてドライバーに対して好き勝手なことを言っていました。「あんなミスはないよなあ」「もうちょっとタイムを縮められるだろう」「もっとスタートの時は周りをちゃんと見ろよ」などなど……。実際にフォーミュラカーのドライブを体験してみると、そうは簡単にできないですよね（笑）。でも今回の体験を通してドライバーの大変さを体感できたことは、僕にとって大きな収穫でした。

レースは非日常性の世界

やっぱりレースは非日常の世界だとあらためて思います。普段の生活で自動車に乗っているのは日常的な生活の一部ですが、それがフォーミュラカーになると、一気に非日常の世界に変わっていきます。まあ公道を走っていて、スピンすることなんてあり得ませんからね（笑）。僕のやっている仕事も非日常の世界ですが、舞台やステージなどとは対照的な非日常だと思います。だからこそ僕は楽しむことができると言ってきましたが、そのとおりでした。

これまで何度も言ってきましたが、僕らがやっている表現の世界は、正しい答えというのがない世界です。「この表現がきっと多くの人の心を打つのだろう。だったらこういう稽古をしていこう」と思って、自分の目指す表現をつくり上げていきます。でも稽古してつくり上げた表現が正解なのかはわかりません。それに下手な人でも時として人の心を打つこともあります。すごく曖昧な部分が多いのが表現の世界なのです。

でもレースは結果で答えを突きつけられる世界です。タイムという厳然とした事実が出てきますし、現代のＦ１ではテレメトリーシステムでアクセル開度やエンジンの回転数、車速などのデータがすべて記録されていますので、運転がうまい人と下手な人の差がはっきりと出ます。ドライバーは自分の運転を丸裸にされ、言い訳ができない世界になっています。

実際、僕も今回のフォーミュラカーをドライブしたあと、ラップタイムとロガーデータで中嶋選手との走りを比較してみると、自分のドライビングと何が違って、どこがダメなのか、それがデータではっきりとわかりました。

そこが表現の世界とは違います。僕たちは答えのない何かを追い求めている世界だとすれば、レースは針の穴を通すような世界です。イエスかノーか、白か黒か、すごくシンプルです。逆に表現の世界は正解がないので難しいとも言えますが、僕からするとレースはシビアだと感じます。でも対極の世界だから楽しいんです。それを実際に走ってみて、あらためて思いました。もう一回とはいわず、これから何回でもフォーミュラカーに乗ってみたいです。まだ走り始めたばかりですからね。ダンスを踊り始めた時にちょっと似ているかもしれません。「ああ、できるようになっていくんだ」という感覚をつかめてきたところなんです。「どこをどうすればもっと速く走れる、タイムが縮まる」というイメージもあります。行けるものなら、僕は毎日でも鈴鹿のスクールに通って練習したいですね(笑)。それぐらい楽しかったです。

もっともっと練習して、いつかは誰かとレースで競い合ってみたいですし、F1マシンにも乗ってみたいです。世界最速のF1マシンをドライブするというのはどういうことなのか。ドライバーはどんな気持ちでマシンを操っているのか。それを実際に体験してみたいです!

第五章

堂本光一×浜島裕英 対談

フェラーリで戦うことのプレッシャー

堂本　浜島さんは2012年にフェラーリのF1チームに加入し、現在はビークル&タイヤ・インタラクション・ディベロップ・ディレクターという役職に就いていますが、具体的にはどんなお仕事をされているのですか?

浜島　簡単に言えば、タイヤのアドバイザー役です。じつは自動車メーカーやレーシングチームの人たちはタイヤのことをあまり知らないんです。自分たちでつくったことがないので、当然と言えば当然のことなのですが、誤解している部分があります。だから「みなさんはこう考えているけど、実際にはタイヤはそう動かないんですよ。こういうふうに動くんですよ」などと具体的に教えてあげるのが現在の立場です。

堂本　レースの現場ではどんなアドバイスをされるんですか?

浜島　タイヤの摩耗肌が荒れてきた時にどうしてこういうスジができるのか、具体的に説明するのです。たとえば「リヤが流れているのでこの部分にささくれができてしまうんです」というアドバイスです。そして実際にささくれの線を見ながら、どういう方向に力が働いていて、マシンが滑っているのかを具体的に指摘したりもします。そうすることで、タイヤにあらわれた現象をもとに車体のエンジニアがクルマの状況をより正確に把握できることになります。

堂本　それはある意味、クルマの開発に大きく関わるところですね。

浜島　そうですね。それがわかっていないと開発の方向も間違ってしまいます。あとは実戦になります。各サーキットに行った時にエンジニアはタイヤの挙動を数値的には押さえています。でも金曜日、土曜日、日曜日と日にちが経つごとにコンディションが変わっていきますので、本当にそうなるのか、我々の経験からアドバイスするのです。「そこまで悪くなりませんよ」とか「もっと良くなるかもしれません」という感じですね。ドライバーもタイヤをよく知っている人間から説明を受けると、安心みたいですね。ブリヂストン時代にもセバスチャン・ベッテルやフェルナンド・アロンソがよくタイヤについて話を聞きに来ましたが、その時に答えていた内容よりももっと深いことを、自分のチームのドライバーに毎日のように伝えることができます。そうすることで、結果的に自信につなげてあげることができているのかなと感じています。

堂本　浜島さんがフェラーリに加入すると聞いた時、僕はすごく驚きました。浜島さんの年齢（当時59歳）で、これまで勤めていた会社を辞めて、日本で築き上げてきたものを全部捨てて、新しいことにチャレンジするというのは大変なことです。普通だったら安定しちゃうじゃないですか。でもあえてチャレンジしていくという精神は、称賛すべきことだと思います。しかも新しい職場はＦ１で長い伝統と歴史を誇るフェラーリです。勝って当たり前という、ある意味でもっとも厳しい職場ですので、当然プレッシャーもかかると思います。

浜島　たしかにフェラーリでは勝ってほめられることはありませんね（笑）。プレッシャーもたしかにありますが、やりがいのほうが大きいですよ。ただ注目度が高いので、コメントしたことがイタリア国内やヨーロッパだけでなく、世界中で報道されてしまいます。だから発言には充分注意しています（笑）。

世界一のブランドを支えるもの

堂本　フェラーリはF1のなかだけにとどまらず、世界でもっともパワーのあるブランドです。僕も含めてですが、世界中の人がフェラーリのブランドに憧れてクルマを購入しています。実際にフェラーリのなかに入って働いてみて、この会社の伝統や重みをあらためて感じることはありますか？

浜島　最近の日本企業が忘れかけている、従業員をファミリーのように大切にするところをすごく感じます。私もフェラーリに入ってすぐに会長の（ルカ・ディ・）モンテゼモーロさんから執務室に呼ばれました。彼から銀のバッジの社員章のようなものを渡されて、最初は業務についての説明を受けました。でも、そのあとが違うんです。その時、ステファノ・ドメニカリさんというF1部門の責任者と一緒だったのですが、モンテゼモーロ会長はドメニカリさんに向かって、「ハミー（浜島さんの愛称）はイタリアの生活をエンジョイできるようにちゃんとなっているんだろうな」とか「どこに住んで、普段使うクルマはどうしているんだ」とか細かく聞くのです。それでドメニカリさんが「すべてちゃんとしています」と答えると、私に「本当にそうか？」と確認してくるんです。

堂本　へえー。それはすごいですね。

浜島　さらに私が「食事も楽しんでおります」とモンテゼモーロさんに言うと、「せっかくイタリアに来たのだから、イタリアの文化や歴史なども勉強していってほしい」と声をかけてくれました。そういう言葉を聞くと、俄然、やる気になります。

堂本　さすがモンテゼモーロですね。やっぱり会社のトップに立っている彼のカリスマ性というのは、フェラーリにとって大きな影響があるんですね。

浜島　そうですね。モンテゼモーロさんから直々にそういう言葉をかけていただき、私もびっくりというか、感激しました。またフェラーリでは10年、20年、30年と勤続年数の長い社員をモンテゼモーロ会長自ら表彰し、その表彰式の写真を社員食堂に飾っているんです。従業員のみんなはそれを見て、「俺もあと何年経ったら表彰してもらえるんだ」などと話しています。最近の日本の会社では、永年勤続表彰式はどんどんなくなってきていますが、それがフェラーリにはちゃんと残っています。「コイツら、ちゃんと人の使い方をわかっているなあ」と感心しました。でも、こういうところはお芝居にも通じますよね。

堂本　そうですね。やっぱり舞台をやっているとカンパニーというチームのなかでの人間関係、信頼関係が非常に大事になってきますからね。そういった意味では、いまのお話はすごく共感できますね。

浜島　フェラーリの首脳陣は私たちがブリヂストンの社員として一緒に戦っていた時も「我々はファミリーで戦っている」と何度も何度も繰り返し言ってくれました。「お前はファミリーの一員だ」と言われると、やっぱり気持ちも違いますよね。

堂本　そういうふうにして従業員を家族のように大切にすることが、結果としてフェラーリのブランド力になっているんですね。

浜島　そうだと思います。最近も社内ですごくいいものを見ました。フェラーリには2年に1回〝ファミリーデイ〟というイベントがあって、従業員の家族や友人が会社や工場を見学できるのです。フェラーリの本拠地はイタリア北部のマラネロという町にあるのですが、マラネロの住民が約1万7000人です。でもイベント当日はその小さな田舎町に約1万5000人が来場したのですから、その賑わいがわかると思います。さらに驚くことに、イベントの最中は工場のあらゆるところを開放し、家族全員が食べきれないほどのパニーニという生ハムやソーセージを挟んだパンなどを用意し、工場に隣接するフィオラノ サーキットには子どもたちが楽しめるような電車を走らせたりしていました。そういう心遣いをして従業員の心をつかんでいくのです。でも、これはかつての日本にあった姿です。戦後から高度経済成長にかけての日本企業が持っていた、社員を大事にするという考え方がいまでもフェラーリにはしっかりと息づいているのです。だからいい社員が会社に残るんですよね。それはフェラーリでこの2年間働いて実感させられました。でも同時に私は寂しさも感じていました。私が日本の企業で働き始めた頃は、会社が従業員を大事にするという姿勢はまだ残っていましたが、だんだん経営指標と言われる数字を最優先するようになっていきました。フェラーリで働き始め、かつての日本の企業の姿を見たような気がして、「日本になくなってしまったものが何でここにあるんだよ……」と男泣きしそうになりました。

堂本　たしかに家族的な会社というのは現代の日本から消えつつありますよね。逆に長く会社に勤めた人を表彰して社内に写真を飾るなんて、カッコ悪いという風潮にさえなっているような気がします。でもフェラーリは逆なんですね。昔の日本のように従業員を家族の一員のように大事にしている。それがフェラーリのブランドを支える秘密のひとつなのですね。

浜島　そうだと思います。みんなが会社に誇りを持って働いています。とくに光一さんが乗られているような市販スポーツカーを製造している部門のメカニックたちは、フェラーリの作業服を着たままで通勤していたり、スーパーマーケットに買い物に行ったりしているんですよ。そこまで自分の会社に対して絶対的な自信と信頼を持っています。フェラーリのブランド戦略が優れているとよく言われますが、それだけでブランドイメージは保てません。そこに勤めている従業員が自分の会社やブランドに対して誇りを持っていないと、ブランド力は決して保てないと思います。それを土台にして、マーケティングのスタッフたちがブランド戦略として世界にちゃんと発信していくんです。だからフェラーリは世界一のブランドになっていると私は感じています。

組織のトップに立つ者の心構え

堂本　僕にとってF1は夢の存在ですが、その世界で実際に働いている浜島さんにとってF1はどういうものなのですか？

浜島　自分が職業人としてタイヤを極めてきて、最後にF1という世界に足を踏み入れました。それまでさまざまなレースのタイヤを扱ってきましたが、そのなかで自分がもっとも興味を持つことができるカテゴリーでした。自分でタイヤをつくるにせよ、使ってもらうにせよ、もっとも興味を持てるカテゴリー。それがF1ですね。技術的にもあらゆる点で究極の性能を求められる世界でした。

堂本　F1では、そこに関わる誰もがベストを求めています。ドライバーはもちろん、デザイナー、エンジニア、メカニック、スポンサー……。エンジニアと一口に言っても、浜島さんのようなタイヤ担当もいれば、空力担当、エンジン担当、サスペンション担当、ギヤボックス担当など、たくさんの部署に分かれています。それぞれの部署に所属するスタッフがベストを尽くしたものの集合体がF1マシンであり、それをドライバーが一番を目指して走らせているわけですよね。まさに究極の世界です。そこで仕事をすることは究極の喜びだと思います。

浜島　自分が興味を持った世界で、いまF1でもっとも伝統のあるフェラーリでタイヤに関するアドバイザーとして働けることは、すごく幸せなことだと思います。自分でタイヤを触って、タイヤのことを真剣に考えることができる立場にいられるのは本当に楽しいです。ところで私のほうからもお聞きしたいのですが、毎年観させていただいている舞台『EndlessSHOCK』では、座長としてたくさんのスタッフをまとめる立場にいます。そのために大事にしているのはどんなことですか?

堂本　それは非常に難しい質問ですね。もし何か問題があって、そのパートを担当しているスタッフに「それは違う。お前はこうやれよ!」と怒ったとしても、ダメな時はダメですからね。SHOCKではカンパニーというチームがありますが、なぜSHOCKのカンパニーは統率がとれていてひとつになっているかといえば、やっぱり長年やってきたということはもちろんありますし、SHOCKという作品自体が熟成されてきたことも大きいですね。だから作品に関わっているみんなが「ここに向かっていけばいいんだ」という目標がはっきりしています。役者は「この作品を良くするために自分はこうすればいいんだ」と思いますし、スタッフはスタッフで僕が何の指示を出さなくても「自分のセクションでこの作品を良くしていくためにはこうすればいいんだ」という意識ができあがっているんです。そうすると座長の自分はリラックスしていられるんです。自分がリラックスしはじめると、周りがよく見えてきます。周りがよく見えると、みんなが本当にがんばっていることがよくわかってきます。「みんなよくがんばっているなあ」と思えば、僕も自分の仕事に集中することができます。

浜島　そういう循環ができているんですね。私も組織の一員としていろんなところで仕事をしてきましたが、スタッフが自発的に行動できるという組織はなかなかできるものではありません。それが『Ｅｎｄｌｅｓｓ ＳＨＯＣＫ』というすばらしい舞台を支えているのですね。

堂本　僕は座長としてカンパニーの先頭に立たなければなりませんので、常にスタッフのみんなから見られる立場にいます。だけど、「ああだこうだ」と細かくスタッフに指示を出すのではなく、自分の仕事に集中することで、みんながついてきてくれるし、がんばってくれるんです。スタッフのがんばっている姿を見れば、僕自身も「さらにいいものをつくろう」と思い、これまで以上に集中できます。そういう双方向のコミュニケーションというか、相乗効果というのかな、それがＳＨＯＣＫのチームには自然に成り立っていきます。だから組織、チームをどうやってまとめているのか、という質問に対しては、何とも答え難いのですが……。ただひとつはっきりしているのは、スタッフからの提案や意見に対して「あれがダメだ、お前がダメだ」と否定するのではなく、まずリーダーが自分のやるべきことをちゃんとやらないと誰もついてこないということです。そこが大事ですよね。それがいいチームをつくるためには、まず大事なことだと思います。

浜島　上に立つ人は、ミッションをクリアにするというのはすごく大事ですし、それが仕事だと思います。でもミッションをクリアにしていくという仕事は、じつはすごく難しいんですよね。「ＳＨＯＣＫを一生懸命やる」というのはミッションじゃないですよね。稽古や本番の舞台を重ねてだんだん研ぎ澄まされていき、「ＳＨＯＣＫを最高の舞台にする」というのが、座長としての光一さんのミッションだと思います。

堂本　そのとおりです。最高の舞台にして、いま目の前のお客さんに満足してもらうことがミッションです。

浜島　その目的意識がチームのスタッフのみんなに同じ次元で伝わっていくと、グワッとものすごい力で動いていくんです。それは会社でもレーシングチームでもまったく同じなんです。レースの世界では勝つことがミッションなのですが、それぞれのスタッフが自分の持ち場で何をすべきか、というミッションまで明確にしていかないと、大きな成果を挙げることはできません。「レースに勝とう」というワンフレーズのミッションだけで、スタッフ全員の気持ちをつなぐことは不可能です。ましてや組織が大きくなり、人が増えれば増えるほど、スタッフ全員を同じ意識レベルに保つことは困難になります。「レースに勝とう」という大きなミッションを達成するためには、それぞれの担当者にまでちゃんと噛み砕いたミッションを伝えられるかどうか。それがすごく大事だと思いますね。

SHOCKは家族的なカンパニー

堂本　レースの世界ではよく「チームのスタッフ全員が同じ方向を向いて戦っている」という言い方をしますよね。その点、フェラーリはどうですか？

浜島　実際にフェラーリに入る前は、スタッフはイタリア人気質でちゃらんぽらんにやっているのかと思っていたのですが、そんなことはまったくないですね。みんな生真面目に仕事をやっています。最初に言いましたが、すごくファミリー的なチームなので、トップに立つモンテゼモーロ会長やドメニカリさんなどのリーダーがきちんと方向性を示してやれば、スタッフは人一倍情熱を持っていますので、うまくやっていけるチームだと思います。

堂本　フェラーリもかつてはチーム内で政治的なゴタゴタがあった時期もありますが、いまはファミリーとしてひとつにまとまっているということですね。

浜島　そうです。リーダーがチームをまとめるためには、昔の日本の偉人が「してみせて、言って聞かせて、させてみて、ほめてやらねば人は動かじ」と言っていましたが、本当にそのとおりだと思います。上に立つ人間は、部下や下の立場の人の仕事に対して「こうじゃないの？」と言ってあげられるぐらいの関係じゃないとダメです。下の人間が「ああ、あの人はちゃんとわかってくれて指示を出してくれるんだ」となれば、部下はちゃんとついていきますよね。ただ小言を言うだけでは人は動きません。よく上司が部下に対して「ちゃんとやれよ」と怒っているのを見たり聞いたりすることがありますよね。でも、それは指示でも何でもないんです。怒ってもダメなんです。怒るんじゃなく叱る。指示を出す時に「僕はあなたにこういうことをしてほしいのです。それは、あなたがこういうことをすることで大きなミッションを達成することにつながっていくからです。だからあなたにこの作業をしてほしいのです」とちゃんと伝えられる人が、できるリーダーですよね。ちゃんと周りの状況が見えているリーダーがいれば、いい組織になるし、うまくいくんです。

堂本　SHOCKは自分で脚本、演出、音楽などいろんなところを担っているのでちょっと特殊なのですが、数年前の僕も周りがよく見えていなくて、ピリピリしてしまうことがありました。それでスタッフに対して否定的な対応をしてしまったこともありました。でもいまになって振り返ってみると、ピリピリするのは自分に余裕がない時なんですよね。

浜島　痛いところを突いてきますね(笑)。私も悪いレースの時にはそうなってしまうことがあります。でも本当におっしゃるとおりです。

堂本　だからリラックスできると、自分に余裕が生まれるし、自信にもつながってくるんです。スタッフに対して「こうすべきなのに、ああすべきなのに」と細かく指示を出すということは、裏を返せば、自分がその状況に対応できていないということでもあるのです。だからピリピリしてしまうのです。自分がリラックスできる空間があるということは、周りのスタッフがいい舞台をつくろうと一生懸命に仕事をしてくれるからです。鶏が先か、卵か先かの話ではありませんが、周りのスタッフがいい舞台をつくろうと一生懸命に仕事をしてくれるから僕がリラックスして仕事に取り組めるとも言えます。とにかくリーダーとして大事なことは、スタッフがいい舞台をつくるために情熱を持ってがんばっていて、目の前にいい環境があることに気づけるかどうかです。そこに気づけたら、リーダーはそれぞれのスタッフの意見をくみ上げて、みんなと同じ方向に向かって走っていけばいいだけです。僕は最高のスタッフに支えられ、自分がリラックスできる空間にいることができますので、幸せ者だと心から思っています。

浜島　ちゃんとしている人のところに、ちゃんとした人が集まったんだと思います。さらに言うならば、ちゃんとした人が残ったんですよね。去る人は去りますから。

堂本　そうなんですよね。だからさっき浜島さんがおっしゃっていたように、いまのフェラーリには自分たちの会社に誇りを持った従業員が集まり、それぞれが「フェラーリのためにがんばる」という気持ちで仕事をしているわけじゃないですか。ＳＨＯＣＫのスタッフもやっぱり「ＳＨＯＣＫのために」という思いを抱えながら仕事に取り組んでいます。そこは共通しています。フェラーリは家族的という話でしたが、ＳＨＯＣＫもすごく家族的なカンパニーだと思います。

浜島　家族といっても、やわい意味の家族じゃないですよね。ちゃんとやろう、真剣にやろうという家族ですよね。

堂本　そうですね。

浜島　フェラーリも同じです。Ｆ１のテスト現場では、アクシデントやトラブルがあったりして、翌日の走行までに「こんなに大量の仕事をメカニックに与えてしまって大丈夫かな？」という状況になることもあります。私の最初のイメージでは、イタリア人のメカニック連中は仕事の途中で「こんなのやってられるか！」とスパナを投げて帰ってしまうんじゃないかと思っていました。でも決してそんなことはありません。彼らは午前４時でも５時でも徹夜してでも最後まで仕事をやり遂げ、次の走行時間までには必ず間に合わせるんです。そこまで情熱を持って仕事ができるのは、「フェラーリのために」という情熱があるからです。

堂本　そのレベルまでいくのは大変なんですよね。

浜島　そうなのですが、それが１回できれば、いい循環で回っていくんです。

僕は言葉で語るタイプのリーダーではない

堂本　でも僕の場合、どうやってＳＨＯＣＫでそういう環境をつくり上げていったのか、あまり覚えてないんですよね（笑）。自分が変わったこともあるし、もともとすばらしいスタッフに恵まれていたというのもあるし……。

浜島　きっと求心力があったんですよね。

堂本　いやいや（笑）。

浜島　求心力がないと、雲散霧消ですからね。少なくとも、そこにリーダーとしてあるべき人がいたってことですよ。それがいなかったら、みんな飛んでいなくなってしまったと私は思います。会社の組織でもリーダーとしての資質がない人がトップに立ったら、その組織はつぶれますからね。やっぱり、ちゃんとしている人が「こうしようよ、俺はこれをやりたいんだよ！」と情熱を持ってビジョンを語って進んでいけば、人はついてくると思いますね。

堂本　でも僕はあまり言葉で語るタイプじゃないです。それはたしかです。

浜島　どちらかと言えば、背中で語るタイプですよね（笑）。でもリーダーがそういう背中を見せることがすごく大事なんです。

堂本　いい組織、いい環境をつくることは自分1人の力だけではできませんが、常に目の前の仕事でベストを尽くさないといい環境は生まれないと思っています。そのために常にチャレンジは続けてきたと思います。たとえば、舞台の台本を修正しなければならない状況になった時には東宝の演出サイドのスタッフと夜中の3時とか4時まで、「もう外が明るくなってきたね」という時間まで何日も一緒に作業をすることもあります。別に僕が「ああしろ、こうしろ」と細かく指示を出すわけではありませんが、お互いに意見を出しながら台本を仕上げていくのです。

そうすると、その演出サイドのスタッフは何日も自宅に帰れなくなります。彼は家族を持っている方だったので、結果的にいろんな犠牲を強いてしまいました。でも彼からは「そこまでしていいものをつくろう」という情熱もひしひしと感じました。そうすると「こんなにこのスタッフはがんばってくれるんだったら、僕もステージ上でしっかりと返さないといけない」という感情が自然に芽生えてきます。それが結果としていい循環になっているのだと思います。

浜島　すばらしいですね。でも、そういう組織はなかなかありません。

堂本　自分が所属するチームなり、カンパニーのためにがんばるという姿勢はすごく大事だと思います。僕としては当たり前のことを当たり前にしているつもりですし、普通そうあるべきだと思うんです。でも周りを見回してみると、スタッフ1人ひとりがそういう意識や情熱を持って仕事に取り組んでいるという組織は意外に少ないような気がしています。そこまで情熱を注ぎこめるような仕事に出会えて、僕は幸せ者だと思います。

浜島　私も幸せです。好きなことに対して情熱を持って仕事ができています。正確には好きになったことをやって生きていける。技術に没頭していられます。でも前の会社の時は立場上、組織の10年後のことをどうしますかとか、それを実現するための計画書をたくさんつくらなければなりませんでした。さらに予算の管理や部下の評価もしなければなりませんでした。じつは部下の評価がいちばん苦手でした。人が人を評価するっていうのは、あまり好きじゃないんです。それをしなくていいのは精神的に楽です(笑)。いまはレースやテストで使われたタイヤを見て、「このタイヤは何を語っているのか?」とタイヤと会話していればいいのです。1人のエンジニアに戻ることができ、純粋にタイヤの技術のことだけを考えることができます。それが私にとっては楽しいですし、やっぱり勝ち負けがはっきりと出るレースの現場はおもしろいですよ。

堂本 浜島さんは現場が好きなんですね。というより、現場で勝負するのが好きなんですね(笑)。これからもフェラーリのことをよろしくお願いします。

浜島 わかりました。全力を尽くさせていただきます(笑)。光一さんもイタリアのファクトリーにもぜひ遊びに来てくださいね。お待ちしていますので。

堂本 その日が来ることを心から楽しみにしています。今日はいい話をたくさんしていただき、本当にありがとうございました!

※浜島氏との対談はP145~149にも掲載しています

第六章

僕の仕事とF1

トラビスとの稽古で初心を思い出した

前作を出版してからの3年間で、自分の生活や仕事の環境にとくに大きな変化はありませんでした。これまでどおりのスタンスでやってきました。でも芸事の世界に入ってから間もなく23年になりますので、当然、デビュー当初からはいろんな変化を感じてきています。

ここ3年間に限っても、うれしいことや楽しいことだけでなく、不満もあっただろうし、いろいろ変えたいけれどそのままになっていることもあります。さまざまなことがありました。

でも、この3年間で印象に残っていることをひとつ挙げるなら、マイケル・ジャクソンの振付師だったトラビス・ペインに舞台『Ｅｎｄｌｅｓｓ ＳＨＯＣＫ』の振り付けをしてもらったことです。それは自分にとって大きなチャレンジでした。トラビスに稽古をつけてもらったことでいろんなことが吸収できただけでなく、初心に戻ったというか、あらためてデビュー当初のような純粋な気持ちを目覚めさせてもらいました。

「自分の限界を超えたところにチャレンジすることが人を輝かせる」

そう僕は思っています。だからこそ、どんな仕事に対する時でも常に自分の限界に挑んできたつもりでした。でもトラビスにダンスの稽古をつけてもらった時に、僕が限界だと思っていたところよりも、さらにもっとチャレンジすることを求められました。
「もう、これ以上は無理」というぐらいまで全力で踊って、ぶっ倒れていたとしても、何かダメなところがあったら、トラビスは「はい、もう1回」とレッスンを再開します。すぐにイントロがかかって、また踊って、ダメだったら、「ストップ、最初からもう1回」となります。「マジかよ。もう無理だって……」と思いながら、また全力で踊るんです。

そういうハードなレッスンを繰り返すことで振り付けを身体で覚えますし、限界の先にあるものが見えてきます。

「自分で自分の限界をつくってはいけない」とわかっていたつもりだったのですが、トラビスとのレッスンを通して、「もしかしたら自分で限界を設定していたのかもしれない」と感じました。自分の限界を打ち破って、さらに上を目指していくという精神をトラビスにあらためて開かせてもらったような気がします。

またトラビスのところで稽古した時に、僕だけでなく他の出演者も一緒に振り付けをしてもらったのですが、同じ経験というか苦しい時間を共有したことで、自然にみんながひとつになることができました。それも不思議な体験でした。

レーシングドライバーも優勝し、チームからのサポートに対して感謝する時によくこんなコメントを言いますよね。「勝った時の喜びも負けた時の苦しさもチームと一緒に共有してきた」と。そういう経験はどんな世界でも大事なんだと気づかされました。

トラビスとの稽古を通して初心に帰ることができましたし、「わかっていたつもりでもわかっていない領域があるんだな」とあらためて教えられたような気がしました。

ステージ裏の作業が本当の仕事

僕の仕事に対するスタンスは「仕事は仕事として取り組みますが、思いっきり楽しむ」というものです。たとえストレスがあったとしても歌やダンスで発散することができるので、仕事に対してストレスを感じたことは一切ありません。

こんなことを言えるのは、僕が幸せ者だからだと思っています。僕はいま「自分がやっていて楽しい、おもしろい」と心から思える仕事に就くことができています。でも世の中の全員がそういうわけではありません。「こんなの絶対に嫌だ」と思いながら仕事をしている人もいるでしょう。もしかしたら、世の中の多くの方がそうなのかもしれません。

自分がやるべき仕事を見つけることができたのなら、なおさらその仕事を全《まっと》うしなければ失礼だと思うんです。そんなにいいものを手に入れたのだから、自分のベストを尽くすのは当然のこと。そして目の前の仕事を思いっきり楽しむべきだと思います。

もちろん、いろんなものをつくったり、生み出したりするのは大変な作業ですが、そういうことを含めて僕は仕事を楽しむことができます。そんな場所に自分がいられることを幸せだと感じながら、日々、仕事に取り組んでいます。

ただ、僕も最初の頃からそんなふうに考えられたわけではありませんでした。「この仕事は自分が最初に思い描いていたものと違う」と思ったこともありました。

12歳の時、初めて光ＧＥＮＪＩのステージを見て、「なんて華やかなんだ。こんな世界が世の中にあるんだ」と感激しました。正直言って、それまでは芸能界の仕事に対してあまり乗り気ではなかったのですが、このステージを見て、エンターテイメントの世界でやってみようと決意しました。

でも実際にジャニーズ事務所に入ってみたら、それこそ使い古されたような話ですが、あの華やかなステージにたどり着くまでには、つらくて地味な作業をステージに立っている時間の10倍も20倍もこなさなければならないことを知りました。

それは僕が当初思い描いていたものとまったく違うものでした。「この世界は常に華やかなわけじゃないんだ」と思い知らされたわけです。

それでも僕は「最初のイメージと違う。こんなに厳しい仕事なら、やめてしまおうかな」とは思いませんでした。幸いなことに、僕は本番のステージをつくり上げていくための稽古や地味な作業が嫌いではなかったのです。むしろステージ裏の仕事が好きなのです。

舞台でもレコーディングでも曲をつくるにしても、できあがってしまったら終わりです。もう次の作業に入っていかなければなりませんが、1つひとつをじっくりとつくりこんで、完成度が上がってくる過程がおもしろいのです。僕の場合、大変なのはいいんです。大変だからいいんですよね(笑)。

とくに舞台というのは、稽古の時にどれだけ完成度を積み上げてきたのか、というのが顕著に表れます。もちろん本番も好きですし、そこで得られるものはたくさんあります。亡くなられた森光子さんがよくおっしゃっていたように「100回の練習よりも1回の本番で得るもののほうが多い」というのは事実です。

その半面、稽古でしてきた最大限の努力というのは、本番では絶対に裏切らないのも事実なのです。稽古は嘘をつきません。本番では、稽古で積み上げた完成度のさらに上を目指すことになります。時には稽古の時よりもうまくできることがありますが、それはあくまでも稽古で培ってきた最大限の努力がベースにあるからなのです。

ステージ裏の作業は、ある意味、僕にとって本当の仕事と言えるかもしれません。稽古の最中には演出面のアイデアなども考えることもありますが、スタッフとともに一生懸命に考えても何も生まれないことのほうが多かったりします。でも何度も話し合いをして、稽古を重ねていくと、「ああ、ここがこれだけ良くなった」と進化していくのを実感できます。それが僕はうれしいのです。

稽古という基盤があるからこそ、「最高の舞台やステージができた!」という瞬間がある。そう僕は思っています。

夢や目標を持たない理由

ステージ裏では「自分はやれるところまでやった」と納得できるまで稽古を重ねます。それは単純に後悔したくないからです。

自分が納得するまで稽古ができれば、いい意味で開き直ることができます。他人がどんな評価をしようとも、本番で失敗しようとも、後悔することはありません。

「自分はまだまだ努力が足りなかったんだ。自分にはもっとやれることがあったんだな」と前向きに考えることができます。それに稽古で積み重ねたことが結果として自信となって残ります。何となく稽古をしてきて、作品をつくってきて、それで本番で失敗してしまったら、「あの時にもっとやっておけばよかった……」と後悔するだけです。それが嫌なんです。

それに僕たちの世界は、いま取り組んでいる仕事に全力を注ぎ込まないと未来はありません。芸能界はすごくわかりやすい世界です。お客さんが入らないと舞台は打ち切りになりますし、CDやDVDなどの商品が売れないと次のリリースはないのです。当然、そこでいい評価だったり、お客さんがたくさん来られたりしたら自然と次につながっていきます。

『Ｅｎｄｌｅｓｓ ＳＨＯＣＫ』の舞台にしても、この3年の間に９００回（２０１２年3月30日）、１０００回（２０１３年3月21日）公演の節目がありましたが、特別な感慨はありませんでした。

「来年もやりたいからがんばろう」などと考えたことは一度たりともありません。

僕にとって大事なのはいまなんです。いま目の前にいるお客さんを楽しませないと、次はないのです。目の前のお客さんを楽しませることができれば、来年もお客さんが来てくださるし、結果として次の舞台につながっていくのです。

だから僕は将来の夢や目標を持たないことにしています。

『Ｅｎｄｌｅｓｓ ＳＨＯＣＫ』の１０００回公演を達成した時にメディアの方に「１０００回公演の次の目標は？　今後の夢は？」などと聞かれましたが、僕はいつもどおりに「いま自分が取り組んでいる仕事に全力を尽くします」と答えました。もうちょっと気の利いたコメントができたら良かったかなとも思いますが、それが本心なのです。

夢や目標を持たない理由はもうひとつあります。前に言った話につながっていきますが、僕は10代の頃から自分のやるべき仕事を見つけることができました。すでに夢をつかむことができたんです。もちろん不満がまったくないわけではないですが、よくよく考えると、自分は恵まれた環境にいると思います。

前にあるテレビ番組で「夢はなんですか？」と聞かれた時に「いまでも夢のなかにいます」と答

えたことがありました。半分は冗談ですが、真実でもあります。

デビューしたての頃は、この仕事をすることが夢だとは思っていませんでしたが、いまなら「自分が若くして夢をつかむことができた幸せ者だ」とはっきりと言えます。

そうすると、メディアの方が投げかけてくる「夢や目標は何ですか？」という質問は、僕にとって意味を持たないことになってくるのです。

絶対的に誰もが夢や目標を持ってはいけないと言っているわけではありません。それはすごく大事なことだと思いますが、何度も言うようですが、僕はそれを若い時につかんでしまったので、夢を実現させる方向に歩いていくしかないのです。

当然、舞台でもコンサートのステージでも、音楽制作やテレビ番組でも「いい作品をつくりたい、いいものを残していきたい」ということに矛先が向いていきますので、目の前の仕事に対して「何のために、何を目標にして」と考えることがなくなってくるのです。

何のためではなく、目の前の仕事のために全精力を注ぐ。それ以外はありません。

舞台裏はとても見せられたものじゃない

Ｆ１にキミ・ライコネンというドライバーがいます。メディアの方にマシンの状態や体調のことなどいろいろ聞かれても、態度も素っ気なくて、リップサービスも一切しません。「俺は何も言いたくないけど、メディアに聞かれたら仕方なくコメントするんだ」という雰囲気を漂わせています。「コース内外の細かいことをいちいち言っても、レースを見ているお客さんには関係ない。レースで結果を出せばいいんでしょ」と考えていることが、ありありとうかがえるのがライコネンです。

僕はライコネンが好きですし、彼の気持ちは少しわかるような気がします。F1とエンターテイメントの世界を比べるのは好きではありませんが、僕も舞台裏のことをいちいち説明したくないのです。ステージの上で表現されたことがすべてなのです。

『Endless SHOCK』はハードなステージなので、メディアの方はケガのことや体調のことを聞きたがります。でも僕からすれば、ケガのことをいちいち説明したら、お客さんはどうしても「大変だな。身体は大丈夫かな」と思いながら見てしまいます。僕はそういうふうに同情されたくないし、お客さんには純粋に舞台を楽しんでほしいのです。

ただ僕はファンの皆さんの気持ちもよくわかります。これまで言ってきたことと矛盾しますが、マイケル・ジャクソンの最後のコンサートのリハーサルや舞台裏を収録したドキュメンタリー映画『THIS IS IT』はすばらしかったですよね。僕も感動しました。ファンとしては、バックステージのマイケルの姿は見たいはずです。でもマイケル本人は「そんなものは見せたくない」と思っていたかもしれません。

たとえばミハエル・シューマッハーは偉大な記録達成の裏側でどんな努力をしているのか？　それは僕も1人のファンとしては見てみたいです。でもドライバーからすれば、「当たり前のことをしているだけだよ」と言うはずなんです。

僕たちの世界でも、舞台裏の大変さや努力を見せられる人と、見せたくない人がいると思います。見せることも仕事のひとつだと思える人は、それをひとつの強みにしてやっていくこともできるでしょう。でも僕はどっちかと言えばスイッチのオンとオフが激しいので、「舞台裏はとても見せられるようなものじゃないぞ！」という理由もあるのです（笑）。

本当はそういうことがもっと上手にできたり、リップサービスがうまかったりすれば、いろいろなことがスムーズにいくのに……と思うこともあります。でも、これまでずっとスイッチのオンとオフが激しい生活を送ってきたので、いまさらそういうこともできません。そこまで器用な人間じゃないですから。

それでも年齢を重ねて、昔に比べれば多少は舞台裏を見せることができるようになってきたのかなと思います。2010年にNHKさんで『Endless SHOCK』の裏側に密着したドキュメンタリー番組の撮影をお受けしましたが、昔だったらああいう企画は「嫌だ！」と即答していたと思います。

正直に言えば、その企画の話があった時も「ちょっと嫌だな」という気持ちはありましたが、ファンの皆さんが見たいという気持ちもわかりますので、「見せられない部分がいろいろありますが、それをきちんと守ってくれるならどうぞ」ということで取材をお受けしました。

取材中にはカメラマンに対して「そこを撮ってんじゃねえよ！」と思ったことも何度かありましたが（笑）、逆にカメラマンとしては華やかなステージの裏側の大変なところや、地道に努力している姿がいちばん撮りたいわけですからね。そこは、この世界にいる人間としてわかっているつもりです。僕自身いろいろな矛盾を抱えていますが、年齢を重ね、不器用なりに少しは成長したということかもしれません。

完璧を目指す姿に人は心を動かされる

人間というのは不思議なもので、完璧なものを見せられるとおもしろくないものなのです。2013年シーズンのF1で全19戦中13勝を挙げ、圧倒的な強さでチャンピオンに輝いたセバスチャン・ベッテルがいい例です。

ベッテルはレーシングドライバーとしては本当にすばらしい仕事をしたと思いますが、あまりに強すぎてシーズン後半のいくつかのレースでは一部のファンから表彰台でブーイングを受けていました。それが人間の心理でもあります。

でもブーイングを受けるというのはスター選手の証《あかし》です。世の中には支持しているファンと同じぐらいのアンチがいます。どの世界もそうです。芸能界も同じですから、ベッテルは気にしなくていいと思います。

話が逸れてしまいましたが、僕は「人間は本気でやっているからこそ負けても美しいと感じるし、本気でやっているからこそ未熟なものでも感動する」と思っています。

F1マシンは走る・曲がる・止まるという3つの性能を究極まで突き詰めたもので、地上最速の乗り物です。F1マシンをつくっているデザイナーやエンジニアは、少しでもタイムを上げるために真剣になって、莫大な金額と時間を注ぎ込んでいます。でも、そのマシンが時にはレース中に壊れてしまうこともあります。

僕はいまでもミハエル・シューマッハーが最初に引退した年(2006年)の日本GPでトップを快走していた時、突然フェラーリ・エンジンから白煙を上げた瞬間が忘れられません。あのレースでシューマッハーが勝てば、逆転でチャンピオンになる可能性がありました。

シューマッハーはレース序盤からトップに立ち、完璧なレース運びをしていました。しかしゴールまで残り17周となった時にエンジンのトラブルが発生して、マシンはストップ。優勝と逆転チャンピオンの望みを断たれてしまいました。

でも僕はあの時のシューマッハーの姿をいまでも鮮明に覚えているのは、引退を決めたシューマッハーが最後まであきらめることなく勝利を目指していたからだし、フェラーリのスタッフがシューマッハーを勝たせるために本気でマシンをつくっていたからだと思います。本気でやっていたからこそ、見ていたファンの心を打ったのです。

人間は完璧なものを見せられるとおもしろくないのは事実ですが、完璧なものを追い求めないと人を感動させることができないのもまた事実なのです。

Ｆ１は競争の世界ですので、すごくわかりやすいと思いますが、どれだけ性能のいいマシンをつくったとして、エンジニアやデザイナーはさらにコンマ1秒でも速く走れるクルマをつくるために試行錯誤を続けていきます。そしてドライバーもコンマ1秒でも速く走ることを目指してトレーニングを重ね、マシンの限界を引き出すために攻め続けていきます。

Ｆ１ではドライバーやエンジニアだけでなく、すべてのスタッフが自分の持ち場で「少しでも速くなること」を目指して休むことなくチャレンジしています。それはいわば、答えのない理想のドライビングや最速のＦ１マシンの完成形というのを追い求めているとも言えます。

でも、どんな世界でも完璧なものや完全なものは存在しないと僕は思っています。存在しないからこそ人間は理想や夢を追いかけるのだろうし、それを真剣に追い求める人間の姿に心を寄せるのだと思います。

冒頭にも言ったように、「ああ、これは完璧だな」というものを見せられてしまうと、人間はどこに心を置いていいのかわからなくなります。

それはエンターテイメントの世界でも言えます。とくに日本人はそのへんが顕著だと思います。現在のアイドル文化に象徴されるように、不完全の美を好みます。ブリブリのアイドルの娘《こ》がすごく上手に歌ってダンスを踊っても、「ああ、すごいね」で終わってしまいますよね（笑）。完璧ではないけれども、完璧なものを目指す姿勢や精神に人は感動するのだと思います。もちろん自分の舞台でもコンサートのステージでも常に完璧なものを目指してやっていますが、絶対に完璧なものは生まれません。でも生まれないからこそ、「もっと上を、もっと完璧に」と努力を重ねるのだし、完璧を目指すなかで生まれる美しさや表現があると僕は思っています。

理想を求めることは現実を知ること

完璧なものを求めるためには、たとえつらいことであっても現実を知らなければなりません。僕はこの世界に入って、華やかな舞台の裏側には厳しい稽古や地道な作業があることを知ると同時に、自分にはまだまだ学ばなければならないことがたくさんあることを痛感しました。

いまでも舞台やステージを終わったあとに「こうすればもっと良かった、ああすれば良かった」と感じることが日々あります。何度も言いますが、この世の中には完璧なものや完成形はないと思っています。芸能界は表現の世界なので、F1や他のスポーツのように白黒をはっきりつけられないことが多いですが、「理想に近づくために上を目指していく」という姿勢を自分のなかで忘れてはいけないと思っています。

でも人間というのは未完成で不完全な生き物です。すぐに自分が置かれている環境に慣れてしまいます。僕はいま、やりがいのある仕事に就き、幸せな環境にいますが、それを当たり前だと思ってはいけないのです。「これでいいんだ」と満足してしまったら、その先はないのです。それはF1でもそうですし、どんな世界においても言えることかもしれません。そのためには、やっぱり現実を知らなければいけないし、理想を持たなければいけないと思います。

でも最近の日本ではいろんなことに勝敗をつけなかったり、物事を曖昧にしたりする風潮が強くなっているように感じます。学校ではテスト結果を公《おおやけ》にすることはありませんし、前回の本でも少し触れましたが、運動会の徒競争で順位をつけないこともあるようです。

教育的な配慮なのかもしれませんが、僕は間違っていると思います。負けを知るから勝つ喜びを知るのです。負けた時に悔しい思いをして、そこから努力して勝った時に「こんなにうれしいのか」とわかります。また努力することで人間は成長できるということも学べます。そっちのほうがよっぽど教育的だと思います。

物事を曖昧にすると、結果として何がいいのか悪いのかがわからなくなってしまい、きちんとした理想を描けなくなってくると思います。そういう考え方というか価値観はいろんなことに影響を与えているような気がします。

たとえば最近、若い人たちが仕事に就いた時に厳しい現実を目の当たりにして「自分がイメージしていたものと違う」となると、すぐに辞めてしまうケースがあります。原因はいろいろあると思いますので一概には言えませんが、理想を求めて現状から這《は》い上がろうという精神が欠如しているのも一因のように感じます。

でも、それは若い人たちのせいだけではないですよね。大人が子どもに対していろんなことを曖昧にしてきているので、若い人たちは表面的なものだけがすべてだと感じてしまうのです。目に見えるものの裏側や、その先にあることにまで想像力が働かなくなっているのかもしれません。ただ、想像力を働かせることができるのは人間です。機械ではないのですから。想像力を働かせれば気がつくこともあるはずです。

僕はエンターテイメントの世界しか知りません。でも舞台やステージに立つために厳しい稽古をすることを「つらい、しんどい、やってられない」と思う人は絶対に伸びません。厳しい稽古をすることの意味に気づき、稽古を楽しいと感じられる人が伸びていくし、この世界で残っていける人間だと思っています。

これからも常に挑戦者でありたい

時代が流れるのは本当に早いですね。F1では2009年に大きなレギュレーション変更があり、マシンのフロントウイングが〝除雪車〟みたいに大きくなり、逆にリヤウイングはすごく小さくなりました。マシンのスピードを落とすためとはいえ、すごくアンバランスなルックスになってしまい、「なんだよ、このマシンはカッコ悪いなあ」と言っていたのが、つい最近のように感じます。

この3年間のＦ１を振り返ると、間違いなくレッドブルのセバスチャン・ベッテルの時代でした。ミハエル・シューマッハーが最初に引退したあとに、彗星のように現れたベッテルが王者として大きく成長し、頭角を現した時代だったと思います。

しかし時代はめぐるともいいます。２０１３年シーズンを最後に２４００ccのＶ８エンジンの時代は終わりを告げ、Ｆ１はエネルギー回生システムなどの環境技術を大幅に取り入れたレギュレーションが導入され、26年ぶりにＶ６ターボエンジンが復活。新たな時代に突入します。２０１５年にはホンダも7年ぶりにＦ１に帰ってきます。

僕はホンダに特別な気持ちを持っています。それはホンダが日本のＦ１のパイオニアであり、常にチャレンジスピリットがあるからだと思っています。ホンダが初めてＦ１に参戦した１９６４年、まだ4輪事業をスタートさせたばかりでした。でも本田宗一郎さんは「やるなら世界最高峰の舞台で頂点を目指す」という純粋な気持ちでＦ１にチャレンジしたといいます。

僕がＦ１を見始めた頃の第二期（１９８３〜92年）もホンダは革新的な技術でＦ１を席巻しました。１９８８年にはアイルトン・セナとアラン・プロストがドライブしたマクラーレン・ホンダで16戦中15勝という快挙を達成しています。

僕は子どもの頃からＦ１が好きですが、ファンは自分の人生をレースに投影していくものだと思います。チームの歴史だったり、ドライバーの生き方だったり、そういうところに自分を重ね合わせて、楽しむ側面が少なからずあります。僕だってそうでした。

中嶋悟さんが日本人ドライバーとしてＦ１にフル参戦した時に、僕が子ども心に感動したのは、それが大きなチャレンジだったからだと思います。中嶋さんはＦ１にデビューした時はすでに34歳。チームメートのセナは27歳でしたが、すでに3年のキャリアがありました。年齢的にギリギリの挑戦でした。

あの時の中嶋さんは侍のようでした。身体が大きくて銃を持っている外国人を相手に刀一本で戦いを挑むという印象でした。中嶋さんはＦ１に参戦した5シーズンの間に表彰台に上がることはありませんでした。結局、刀折れ矢尽きて倒れてしまったと言えるかもしれません。でも僕を含めて多くの人が中嶋さんのチャレンジに心を動かさました。

レースは勝ち負けの世界ではありますが、そういうスピリットもすごく大事だと思います。最近のＦ１では、そういう精神性をあまり感じられません。だから僕は技術面に目がいってしまうのかもしれません。

Ｆ１の技術は常に進化していきます。デザイナーやエンジニアは、マシンを少しでも速くするためにどうやってレギュレーションの目をかいくぐるか、と必死になってチャレンジしています。現代のＦ１では毎戦のようにマシンが改良されています。それを見ながら、「どんなこと考えて、こんなデザインにしたのだろう?」と考えるとワクワクします。

でも最近は、マシンのデザインに関してもレギュレーションによって開発の自由度がどんどんなくなっています。逆にタイヤの影響が大きくなり、タイヤを使いこなした者がレースに勝つという状況になっています。

タイヤをもたせるためにわざとペースを落として走るというのは、本来のF1の姿ではないと僕は感じています。ファンはドライバー同士の限界ギリギリのバトルと、チームやメーカーによる開発競争の両方を楽しみにしているのです。

でも2014年からF1は新たな時代に突入し、再び各エンジンメーカーの技術勝負がクローズアップされてくると思います。技術者たちがどんなチャレンジをしてくるのか、新しいシーズンの開幕を前にすごくワクワクしています。

自分自身としても常に挑戦者でありたいと思っています。これまでの自分のキャリアをあらためて振り返ってみると、どんな状況にも対応していこうと努めてきました。「自分の関わっている作品がどうやったら良くなるのかな?」と常に考え、真摯に仕事に対して向き合うことができたと思っています。舞台でもコンサートのステージでもアルバムをつくるにしても、常に前回よりも進化することを目指して挑戦してきました。それは自信を持って言えます。

その気持ちを忘れることなく、これからも表現者として常にチャレンジしつづけたいと思っています。

連載「堂本光一のＦ１賛歌」にて
１年前にも対談しました！

特別企画 2
SPECIAL
TALK SESSION

対談 堂本光一 × 浜島裕英（スクーデリア・フェラーリ）

Koichi Domoto

Hirohide Hamashima

１年前にも対談を行い、親交も深い２人。現在スクーデリア・フェラーリのビークル＆タイヤ・インタラクション・ディベロップ・ディレクターである浜島さんと堂本光一のフェラーリ愛、Ｆ１愛にあふれた、本編では収まりきらない内容をお届け。最後には浜島さんと「Ferrari」のシャンパンで乾杯も！

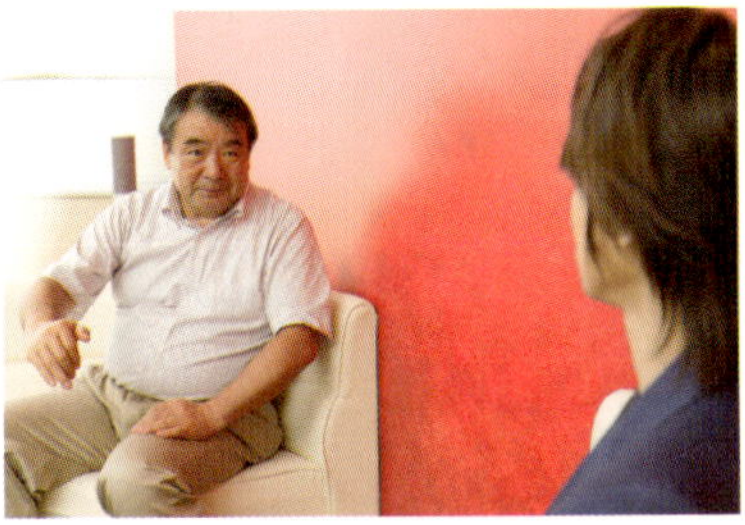

フェラーリはイタリアという国の象徴なんですね／堂本光一

堂本　イタリアでＦ１はどれぐらい盛り上がっているのですか？　日本ではいまＦ１はテレビの地上波でも放送されていませんし、日本のチームもドライバーもいません。正直、Ｆ１の注目度はすごく下がっています。これまで何度も言っていますが、２００６年にイタリア・トリノで開催された冬季オリンピックの開会式にはフェラーリのＦ１マシンが登場し、大声援を送られていました。２０２０年に東京でもオリンピックが開催されることになりましたが、そこにホンダのＦ１マシンが出てくるとは思えません。

浜島　イタリア国内でもフェラーリは特別な存在だと思います。たとえば、家の近所の床屋さんに行けば、親父さんが「最近勝てないけど、どうしたの？」と声をかけてきます。床屋の親父さんはファンとして心配しているのではないのです。まるで自分もフェラーリの一員として心配しているというような感じで、声をかけてくるのです。「おらが村のフェラーリはどうしちゃったんだ」ということですね（笑）。でも大都市のミラノに行ってもそうです。ホテルにチェックインする時には自分の名前や勤務先などを記帳するじゃないですか。そうすると、ほぼ毎回「お前、フェラーリに勤めているのか？」と聞いてきて、そのあとは「最近のレースはどうだった……」と話が始まります（笑）。ボローニャ空港のイミグレーション（出入国管理）の男性職員も僕のことを覚えていて、レースか

ヨーロッパでは小さい頃から自動車やメカニズムに慣れ親しんでいる／浜島裕英

Koichi Domoto × Hirohide Hamashima

ら帰ってくると「今回のレースは負けちゃったね」とかいろいろと声をかけてくれます。

堂本　やっぱりフェラーリはイタリアという国の象徴なんですね。それにイタリアでは多くの人がちゃんとレースを見ています。翻って日本ではF1などのモータースポーツの人気は低迷していますし、クルマ好きが減ってしまいました。経済状況が悪いという背景があると思いますが、クルマ自体を持っていない若い人が多いですし、そもそもクルマの運転にまったく興味がないように感じます。でも日本とイタリアは同じ先進国で、自動車をつくっている国でもあります。両者の間にはなんでこんなに差があるのか、不思議でなりません。

浜島　これは歴史の差もあるのかもしれませんね。私が経験したことで、いまでも忘れられない光景があります。1980年代の話ですが、仕事でイギリスに行った時ですね。光一さんはまだ小学生だと思いますけど。

堂本　そうですね（笑）。

浜島　私はタイヤメーカーのスタッフとしてF2というF1の下のカテゴリーを転戦していたのですが、お休みの日に小さなローカルラリーを訪れた時のことです。そこに地元のおじいさんが小さな孫を連れて観戦しに来ていました。そのおじいさんはマシンを見ながら、「これがエンジンで、これがキャブレターだ……」とメカニズムについて孫に説明していました。その光景を見て、なるほどと感心しました。ヨーロッパの子どもたちはそういうふうにして小さい頃から自動車やメカニズムに慣れ親しんでいるのです。そういう文化は、日本にはありませんよね。日本でクルマと言えば、自分で整備もしなくていいし、エンジンをかければ勝手に動くようなものだと多くの人が思っています。メカニズムがおもしろいものだという教育があまりないですね。

堂本　そうかもしれないですね。メカニズムやテクノロジーがわかっていくと、レースもすごくおもしろく見ることができるんですけどね。

浜島　光一さんのようにクルマが好きな人は、サスペンションやエンジンの仕組みをよく知っています。でも日本ではアクセルを踏めばクルマが速く走ることはみんな知っていますが、なぜアクセルを踏むとエンジンの回転数が上がるのかをわかっている人はほとんどいません。そういうメカニズムがわかっていない人が多いので、日本ではクルマはサンダルのようなものになってしまっています。そこが問題だと思います。

堂本　やっぱり歴史の長さだったり、文化の違いなんですかね……。

浜島　そういう意味でもフェラーリのファミリーデイにぜひ来てほしいですね。あれを見ていただくと、フェラーリの伝統や、いかに家族的な会社かというのがよくわかると思います。それに意外とフランクな会社なんです。あっと驚くようなところにも入ることができます。光一さん

の乗られているGTカーの製造工場だけでなく、F1の工作工場も公開しているんですよ。私がちゃんとご案内させていただきますので(笑)。

堂本　ええ……。

浜島　いやですか？

堂本　いや、そんなことはないのですが、僕は自分が本当に好きなものを遠ざけてしまうようなところがあるんです(苦笑)。だからいつも鈴鹿にF1を観戦に行っても、好きだからこそ遠くから見ているんです。

浜島　子どもの頃に好きな女の子に接するような感じですね。照れちゃって、何となく逃げてしまうんですね(笑)。

堂本　そうなんです(笑)。

浜島　フェラーリの本拠地があるマラネロにいらっしゃったことは？

堂本　まだ行ったことがないんです。一度行ってみたいのですが……。

浜島　超が付くほとの田舎なんですが(笑)、毎日のように大型の観光バスが数台やってきて、世界中のファンがファクトリーに隣接するフェラーリの博物館を訪れています。やっぱりフェラーリのブランド力はすごいんだなあって思います。それに小さな田舎町ですが、さすがイタリアだけあって食は充実しています。美味しいレストランはいっぱいありますので、食べるものには困りませんよ。

堂本　いいですね(笑)。本当に楽しみにしています。

Koichi Domoto × Hirohide Hamashima

取材協力：溜池山王 聘珍樓(Tel. 03-3593-7322)

※対談　堂本光一×浜島裕英は第5章にも掲載しています

特別企画 3 SPECIAL REPORT

2013 FIA F1世界選手権シリーズ第15戦
日本グランプリレースに登場！

Suzuka Circuit

鈴鹿サーキットで開催された2013年の日本GPに登場！
今回は実際にピットに入り、フォーミュラカーを間近で見て、
ドライバーやチーム首脳とも遭遇。その様子をレポートします！！

PHOTO_CHRONO GRAPHICS

2013年の日本GPはルノーにゲストとして招いていただき、決勝はレッドブルのピットで見ました。レースはレッドブルが圧倒的な速さ、強さを発揮してワン・ツー・フィニッシュ達成。ロータスのロマン・グロジャンも3位になり、ルノー・エンジンを搭載したマシンが表彰台を独占しました。

鈴鹿ではロータスのエリック・ブイエ代表を紹介いただいたり、ルノーやレッドブルのバックヤードのオフィスなども見学させてもらったりしましたが、グロジャンのエンジンをブリッピングさせてもらったのはすごくいい経験でした。あんなこと、普通はやらせてくれないですよね。

ブリッピングとはレース前にエンジンの調子を見るためにアクセルをあおって回転数を上げる作業のことです。そのエンジンが搭載されたマシンでグロジャンが3位になってくれたので、うれしいというか、ホッとしました。やっぱり、あれでエンジンが壊れたら、「俺がブリッピングをしたからかな」と思うじゃない（笑）。

現場にいると、F1は大々的なインフォメーションがなく、いきなりレー

それぞれのスタッフが自分のやるべき仕事を把握して プロとしてベストを尽くしている

スがスタートするんです。急にピットレーンがオープンになって、グリッドにマシンが一斉に並びます。そしてスタート時間になったらレースが始まります。みんなが決まったスケジュールどおりにきっちりと動いていくところが、僕はすごく好きなんです。

あと現場にいると気がつくのは、意外に緊張感がないことです。普通に考えると、ドライバーやチームのスタッフはレースのスタートが近づくと、ピリピリしていると思いますよね。ところがドライバーもメカニックも自分の仕事を淡々とこなしています。そういうところも僕は好きなんですよね。

トップチームだろうと下位チームだろうと、それぞれのスタッフが自分のやるべき仕事を把握して、プロとしてベストを尽くしています。F1の現場はそういう場所なのです。

スタート直前のスターティンググリッドにも行きましたが、みんなルーティンの作業をこなしている感じでした。ドライバーはいろんなタイプがいましたね。早々にコクピットに収まって集中している人もいました。スタートぎりぎりまでチームのスタッフと話

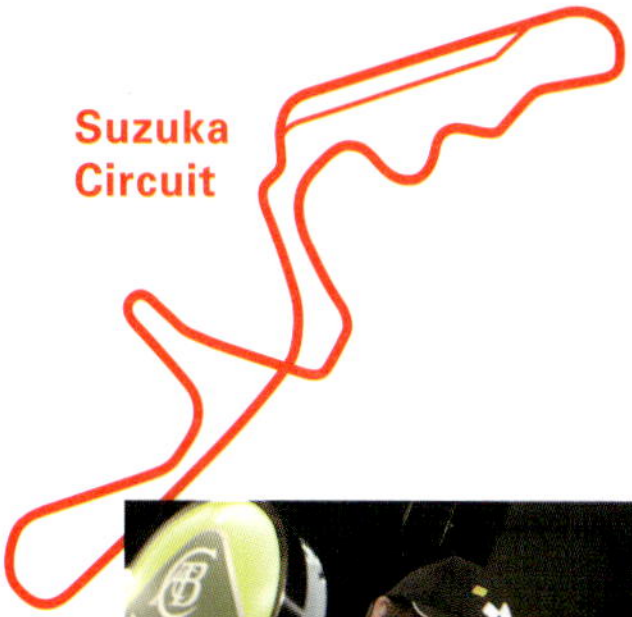

している人もいますが、殺気だった雰囲気は一切なかったです。

僕もドライバーたちの気持ちがちょっとわかるような気がします。自分も舞台の時は、幕が上がるまではなるべく平常心でいようとしますからね。それと同じとは言いませんが、あまり入り込んでしまうと周りが見えなくなってしまうんですよね。

鈴鹿のグリッドで舞い上がっていたのは僕だけですね（笑）。1人のファンとしては、レース前のグリッドにいると、なんて素敵なお祭りなんだと思います。周りにいる人たちは全員いつもテレビで見ている人ばかりですから。迷子になった子どもみたいにキョロキョロしていました（笑）。

鈴鹿のグランドスタンドにはいつものようにたくさんのファンが詰めかけていました。グリッドでは小林可夢偉選手ともお会いして挨拶させていただきましたが、可夢偉選手にはスタンドから大きな声援が送られていました。そういう場面に遭遇すると、あらためて日本人ドライバーの不在を寂しく感じましたし、ホンダの復帰が待ち遠しくなりました。

RS.111.06

BRIDGESTONE
Arai
HELMET

BRIDGESTONE
Arai
HELMET
PUMA
RH+B

KOICHI DOMOTO

あとがき

今回も1人のファンとしてF1について好き勝手に書かせていただきましたが、本書の企画の1つとして、鈴鹿でフォーミュラカーを初めてドライブしたことは僕にとって大きな経験でした。これまでファンとしてレースを見るだけでしたが、実際に入門用のフォーミュラカーを運転してみて、ドライバーのすごさやレースの奥深さがあらためてわかりました。

鈴鹿サーキット・南コースでフォーミュラカーを走らせたのは、ここ最近でもっとも心躍る楽しい時間でした。きっとスタッフの方に止められなかったら、いつまでもサーキットを走っていたと思います。それぐらいすばらしい体験でした。今回のドライブは序章だと思っています。もっともっと練習して、いつかはF1マシンのコクピットに座り、少しでもいいのでマシンを走らせてみたいです。

フェラーリでエンジニアとして活躍する浜島裕英さんとの対談も本当に楽しかったです。フェラーリの伝統に裏付けられた強さやブランド力の秘密がわかり、ますますフェラーリが好きになりました。浜島さんから「フェラーリのファクトリーに遊び来てください」とお誘いいただいたので、ぜひマラネロを訪問したいと思っています。その日が来ることを楽しみにしています。

取材にご協力いただいた、鈴鹿サーキットレーシングスクールのメカニックやスタッフの皆さん、温かい目でドライビング指導をしてくれた中嶋大祐選手と主任講師の佐藤浩二さん、２０１３年の日本ＧＰに招待していただき、数々の貴重な体験をさせてくれたルノーの皆さん、レーシングシミュレーターを体験する機会を与えてくれた東京バーチャルサーキットさん、そして忙しいなか対談の時間を割いてくれた浜島裕英さんにあらためて感謝の言葉を言わせてください。

Ｆ１やモータースポーツの第一線で活躍されている皆さんが優しく接してくれ、本当に有意義な時間を過ごすことができ、レースの魅力を再確認することができました。本当にありがとございます。これから僕も微力ながらＦ１やモータースポーツが盛り上がるように応援していくつもりです。

２０１４年のＦ１も開幕が迫ってきました。今シーズンからレギュレーションが大きく変わり、Ｆ１は新しい時代に突入します。どんなレースになるのか、僕はワクワクしています。この本を読んでＦ１に興味を持ってくれた方がいたら、ぜひ一度レースをご覧になってほしいと思います。そして僕にとって究極のエンターテイメントであるＦ１の魅力を感じ、一緒にレースを楽しめるようになってくれればうれしいです。

２０１４年３月

堂本光一

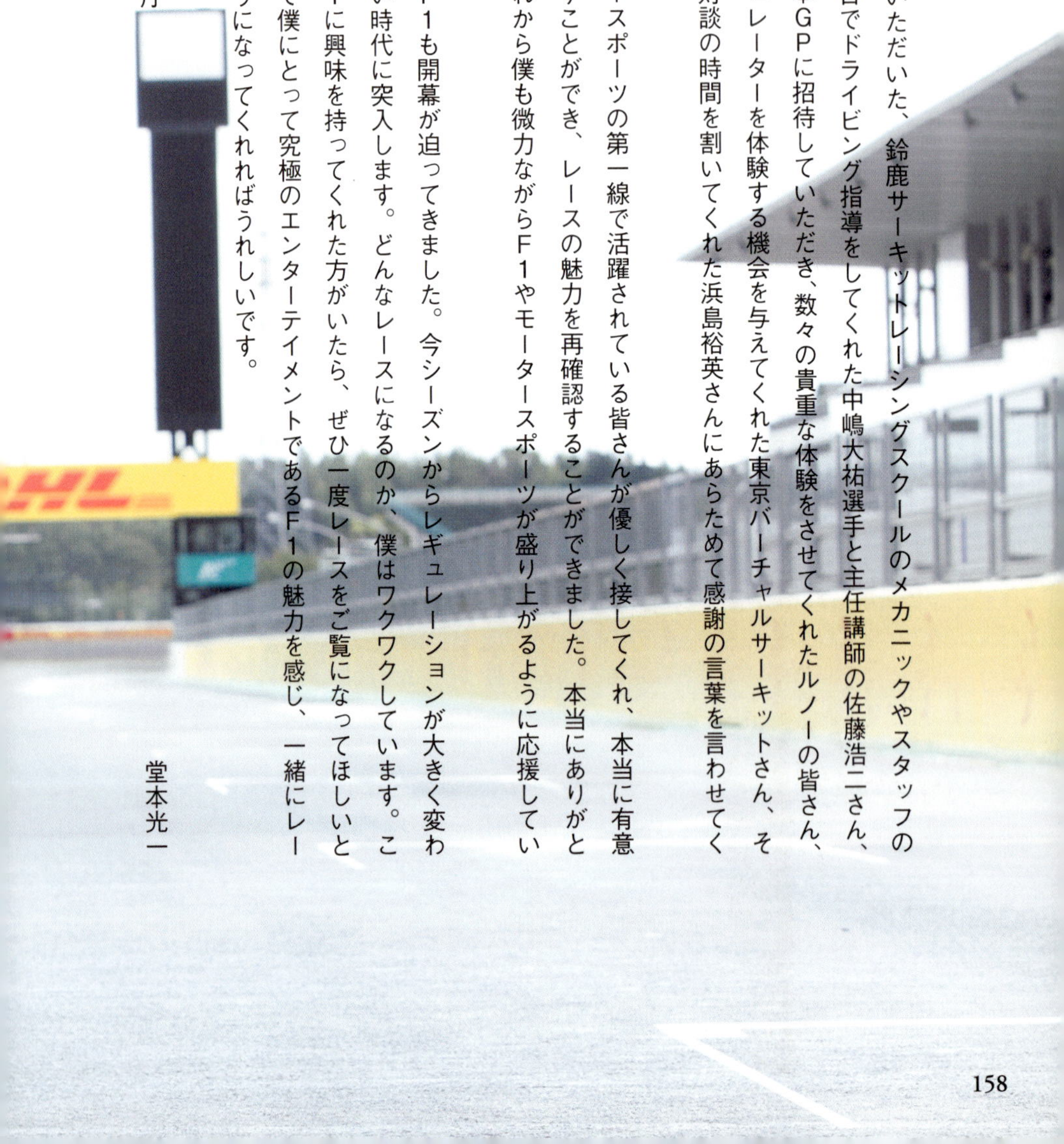

DHL
DHL

構成　川原田 剛
写真　樋口 涼
装丁　本村英二郎（Studio MORROW）
スタイリスト　渡辺奈央（Creative GUILD）
ヘアメイク　大平真輝（la pomme）
編集　石森祐亮

取材協力　鈴鹿サーキット
ルノー・ジャポン
東京バーチャルサーキット

協力　株式会社ジャニーズ事務所

僕が1人のファンになる時 2　通常版C

2014年3月14日　初版第1刷発行

※本書は、月刊誌『グランプリトクシュウ』（エムオン・エンタテインメント刊）の連載
「堂本光一のF1賛歌」でこれまで掲載された原稿を加筆・修正し、単行本化したものです。

著者　堂本光一

発行人　八島康生

発行所　株式会社エムオン・エンタテインメント
〒106-8531 東京都港区六本木3-16-33 青葉六本木ビル
電話 03-5549-8742（営業）
03-5549-8760（お客様相談係）
http://www.m-on-ent.jp/

印刷所　大日本印刷株式会社

ISBN978-4-7897-3598-8
Printed in Japan